受験合格は参考書が9割。

武田塾合格体験記　MARCH・関関同立編

林 尚弘

はじめに

受験生のみなさん、こんにちは。

武田塾塾長の林です。

この本は、とても合格しなそうなところから第一志望に逆転合格した話を集めたものです。

スタイル別に三冊に分けてあり、本書は「ＭＡＲＣＨ・関関同立」の合格生の体験談を集めてあります。

もし、みなさんが第一志望に合格しなそう、届かなそうな状況だったら、ぜひこの本を読んでみてください。たくさんの事例が載っているので参考になると思います。

もうＡ判定、Ｂ判定が出ていて、順調に志望校に合格しそうだったらこの本は必要ないので、そっと本棚に戻しておいてください。

偏差値とは、偏った、差の値と書きます。

偏差値を高くし、難関大学に合格するためには、**周りのみんなと同じ勉強法をしても伸びません**。

偏差値は上がりません。

この本に載っている勉強法は、大半の受験生とは違う戦法です。

それは**「授業を受けない」勉強法**です。


恥ずかしながら、私は受験生のときにみんなと同じ勉強法をとってしまい、そして、その勉強法も大きく間違えてしまいました。

誰よりもたくさん予備校に行き、たくさんの授業を受け、第一志望に落ちました。

なんでこんなにたくさん授業を受けたのに合格しなかったんだろうと悩みました。

そこで、もっと違う勉強法をしていれば第一志望に合格したんじゃないかと思い、理想の塾をつくりました。

日本初の授業をしない塾です。

そんな塾をつくったら、たくさんの逆転合格者がでました。

話題になり、全国に約300校もできてしまいました。

それだけ、授業を受けても伸び悩んでいる生徒さんがいたということだと思います。

授業を受けているから、みなさん、偏差値が上がらないいんです。

なんとなく、授業っておかしいなって思いませんか。

実は勉強って、**参考書で学ぶのが一番早い**んです。最も効率的なんです。

とはいえ、授業を捨てるのは、みなさん少し怖いかもしれません。

でも、この本に掲載したみんなの事例を読んでくれれば、授業を受けずに参考書だけで勉強したほうが早いとわかるはずです。


私は受験生のときに勉強法がわからず、とても苦労をしました。

ついついみんなと同じ勉強法をやってしまい、差が付きませんでした。

勉強法を間違えて第一志望に落ちてしまいました。

みなさんには同じ失敗をしてほしくない、ひとりでも多くの人に勉強法を知ってほしいと思って、いろんな本を出したり、WEB上に公開しています。

その中で、一番みなさんが知りたいのは、どんな生徒がどんな状況からどのように合格したのかということかな？　と思い、実際に「授業をしない」塾でどのように生徒が合格したのか、そのすべてを書いたのがこの本です。

みなさん、自分の状況や志望校と似ている生徒さんの話から読んでみてください。

自分でも逆転合格できる！　って思えるはずです。

そして、来年はみなさんがこの本に載ってくださいね。

みなさんの逆転合格を祈っています。

僕みたいに勉強法間違えちゃダメですよ！

武田塾塾長　林　尚弘

受験合格は参考書が9割。
武田塾合格体験記 MARCH・関関同立編

目次

カバー写真 PIXTA
装丁 小松学（ZUGA）
DTP 美創
編集協力 神田和花

合格体験記

MARCH・関関同立編

赤本で出題傾向を徹底分析、相性のいい関西大学合格

話し言葉の参考書で苦手な日本史が偏差値20アップ

よしのひな
吉野陽菜
現役合格

武田塾静岡校　コース：宿題確認特訓S（英語、国語、日本史）

合格した大学

関西大学人間健康学部人間健康学科／関西大学総合情報学部／常葉大学
（太字が進学先）

略歴

私立静岡学園高等学校卒（中学受験で入学　偏差値62）

キング・カズこと三浦知良さんがいたことのあるサッカーの強豪校、通称「静学（しずがく）」はサッカー王国静岡にある私立の中高一貫校です。私が中学受験したときから中

高一貫校になったので、私たちが1期生ということになります。

私は小学校1年生のときから清水エスパルスのチアリーダーをやっていたので、中学に入学したときから応援指導部に所属してチアリーダーをやっていました。その後、男子部員が1人もいなくなったので応援指導部の部長になりました。

応援指導部の部長をやっていると聞けば、みなさん私が活発な女の子だと思うでしょう。ところが、なぜか高校2年生の夏ごろから保健室登校になってしまいました。授業に出ても寝ているだけで、休み時間になると保健室に戻っていました。

志望大学と受験科目

志望校を選んだ理由

中学生のころから立教大学に行きたいと思っていました。だから武田塾に入塾したときも、第一志望は立教大学でした。急に関西の大学へ行きたいと思ったのは高校3年生、それも試験が目の前に迫った年の瀬になってからです。

静岡学園高校のサッカー部には、全国から優秀なサッカー選手が集まってきます。その中には関西からの生徒が数多くいて、なぜか私は関西出身の人たちと波長が合いました。

さらに関関同立の問題を見ると、関西大学の出題形式が自分に合っていたのです。

受験科目について

国語（現代文、古文）、英語、日本史

得意科目と苦手科目

得意科目：現代文

古典は苦手なのですが現代文は得意です。たぶん読書が好きだったからだと思います。

苦手科目：英語

特に文法が覚えられなくて苦手です。中学時代から苦手でした。やむなく文と訳をセットで、例文を丸暗記するようにしました。

武田塾と受験勉強

武田塾との出会いと入塾したわけ

高校2年の夏から保健室登校を繰り返していましたが、2年生最後の定期テストで日本史の成績は僅か2点でした。まったく授業を聴いていないのですから当然といえば当然です。このままじゃヤバイ、すぐに受験勉強を始めないと大学に行けないと思いました。

そんなときに駅にあった武田塾静岡校の看板が目につきました。「授業をしない！」「逆転合格！」というキャッチコピーは、私のために作られたようなものです。授業はダメだし、ここまで遅れていると逆転合格を目指すしかありません。

さっそく無料受験相談に行ったところ、応対してくれた石井校舎長が親身になって話を聞いてくれ、武田塾での勉強法にも魅力を感じ、入塾を決めました。自宅からも通いやすいという立地条件も良かったと思います。

武田塾での日々と受験勉強

定期テストのときなどは自分なりに計画を立てて取り組んでいたのですが、大学受験ともなると長期的な計画が必要です。現役生にとっては誰だって初めての大学受験ですから、自分の立てた計画が最適かどうか分かりません。武田塾に入塾することによって、いま何をやるべきかをルートに基づいて指示してもらえるので、志望校合格に向けての計画は武田塾に委ねることができます。

また、大学受験を諦めかけて専門学校でいいやと思ったこともあるのですが、そのようなときにはいつも石井校舎長が優しくフォローしてくれました。さらに武田塾に入塾したお陰で、間違いなく勉強する習慣が付きました。期末テストで2点しか取れなかったような日本史の偏差値も、40から60へと一気に20も上がったのです。

私の日常生活と勉強

受験勉強を始めてからは、高校の授業中も大学受験に必要な科目以外は内職です。これも校風なのか、先生たちもOKなのです。休み時間や通学時間には日本史の『日本史B一問一答（ナガセ）』や『英単語ターゲット1900（旺文社）』をやっていました。

3年生になっても7月の野球部の試合が終わるまでは応援指導部を辞めることができません。またその直前が応援指導部の部長をやっていた私にとっては一番忙しい時期でもあったのです。部活を辞めるまでは、6時半に部活が終わって7時ごろに塾に行って10時まで勉強です。辞めてからは4時半ごろから塾で勉強していました。ですから、たぶん一番長い勉強時間は、高校での授業中の内職だったように思います。

私のお薦め参考書、ベスト3

①金谷の日本史「なぜ」と「流れ」がわかる本（ナガセ）

話し言葉で書いてあるので、読みやすくて分かりやすい。

②きめる！センター現代文（学研マーケティング）

選択肢の切り方がほぼ完璧になりました。入試での現代文は満点でーす！

③入門　英文解釈の技術70（桐原書店）

長文に慣れることができて、長文を読むための集中力を養うことができます。

合格体験記——吉野陽菜

——浮き沈みが激しかった、武田塾に入るまでの私

小学校1年生のときからチアダンスをやっていました。中学受験で中高一貫校の静岡学園に入学したあとは応援指導部に入りました。応援指導部は、学ランを着て旗を振る男の

子と、応援をチアで盛り上げる女の子のパートに分かれていました。

静岡学園高校は、キング・カズこと三浦知良さんがいた学校です。そのためサッカー王国と言われる静岡県の中でも、群を抜いてサッカーの強い学校として知られていますから、超高校級の選手が全国から集まります。

そのような学校の応援指導部ですから、サッカーの応援だけでなく野球部の応援にも駆けつけます。男子生徒は学ランを着て旗を振って大声で声援を送り、チアリーダーの女の子たちはポンポンを振って踊るのですが、私が中学2年生のときに男子部員が全員卒業してしまいました。

残ったのはチアリーダーの女の子たち10人くらいだけです。それでも毎年、サッカーの試合もあれば野球の試合もあります。残った女の子たちだけで応援の声出しもやれば、エール交換もすることになります。

そのような応援指導部で私は部長になり、ポンポンを振って踊ることもあれば、男子部員がいないので声出しもやりました。そのために校舎の屋上で声出しの練習もすれば、応援のときの配置や振り付けも考えて指示していました。

中学から高校にかけては、このように応援指導部の部活中心の生活を送っていたのですが、なぜか高校2年生になったころから学校に行きたくなくなりました。それでも部活もあるのでやむなく登校したのですが、教室に顔を出すもののずっと寝ているような状態で、休み時間には保健室に戻るような生活を続けていました。だから夏休みが過ぎたころからは、まさに保健室登校です。

授業中はほとんど寝ているので、授業内容が頭に入るわけがありません。それでも英語と国語はちょっと好きだったので、まだ何とかなっていたのですが、日本史などは最悪でした。高校2年生の最後の期末テストでは、ついに日本史で2点などという成績を取ってしまいました。

――高校生活がイマイチなので大学で頑張りたい

いくらなんでもこのままじゃマズイと思ったきっかけは、期末テストで2点という最悪だった日本史の成績です。また、高校での生活が面白くないと思っていたので、逆に大学に入ってやり直したいという気持ちも強かったのです。

このままじゃマズイという追いつめられた気持ちと、中学生のころから将来は立教大学に入りたいと思っていたのに、その夢がどんどん遠のいていきます。実は立教大学のオープンキャンパスにも行って、第一志望は立教大学と決めていたのです。

そのような絶望感に苛まれていたころに、通学路として通る静岡駅にある武田塾の看板が気になり始めました。それまでもチラチラ目に入っていて、授業が苦手な私にピッタリの「授業をしない！」というフレーズや、私が置かれている状態を見通したような「逆転合格！」という文字が飛び込んできていました。

実は中学受験のときに秀英予備校に通っていたのですが、集団授業は好きになれませんでした。高校の授業中も寝ているぐらいですから、私に授業中心の勉強が出来るわけがありません。だから高校2年生だった2月のある日、思い切って武田塾の無料受験相談を申し込んだのです。

高校さえも不登校寸前のような私です。大学に行きたいという思いはあるのですが、武田塾の無料受験相談もおっかなびっくりです。塾のひととおりの説明を受けている途中でも、「もしも、辞める場合は？」などと後ろ向きの言葉が出てしまいます。

無料受験相談に対応してくださったのが武田塾静岡校の石井校舎長だったのですが、「辞めなくて済むように、出来るだけの努力をさせてもらいますよ」と、優しく対応してくれ、ここなら遅れている勉強もやり直せると思いました。

実は私は、定期テストなどのときには前もって一応の計画を立てて、試験の3週間くらい前から勉強するようにしていました。ところが大学受験ともなると、ほぼ丸1年という長期計画です。志望校合格に向け、いつまでに何をやらなければいけないかも曖昧です。でも毎週の宿題とそのあとの確認テストで、合格へ向けての計画とその達成状態を管理してもらえるのですから最高です。武田塾静岡校が静岡駅の真裏にあって、学校から歩いても10分ぐらいのところにあったので、部活帰りに寄れることも魅力でした。

――受験科目の3教科だけに集中

武田塾に入塾したころの偏差値は、良くて55、悪くて53というところでした。

得意科目は現代文で、現代文で全体の成績を引っ張り上げていたのです。たぶん昔から本を読むのが好きだったので、自然と国語力が付いたのだと思います。

その国語の成績をさらに引き上げるために役立った参考書が、『きめる！センター現代文（学研マーケティング）』です。選択肢の切り方を「これ違う」といったように補強することができました。その結果、関西大学の入試では、たぶん現代文は満点でした。

高校2年生の最後の期末テストで2点なんて最低記録を作った日本史ですが、やれば何とかなる、とも思っていました。実際、武田塾に入ってからは、武田塾流の暗記法だとか毎週提示される宿題をこなすことによって、どんどん成績が上がりました。

日本史の偏差値が40から60へと一気に20もアップしたことは、前述したとおりです。その日本史の勉強で役立ったのが、『金谷の日本史「なぜ」と「流れ」がわかる本（ナガセ）』でした。全部が話し言葉で書かれていて、とても分かりやすい参考書です。

日本史は苦手だと思っていたのですが、この参考書を使い始めたら大好きになりました。この参考書には、ただ流れを紹介するだけじゃなくて、その背景まで全部書いてあります。「実はこういうことがあったから、こういう事件が起きたんだよ」みたいな細かい話まで紹介されているのです。何回読んでも飽きず、伝記ものの漫画を読んでいるようで、とにかく面白いのです。

そしてもう一つの受験科目の英語ですが、英語の長文などはそれほど苦にならなくて、幾度も『入門 英文解釈の技術70（桐原書店）』を読むことによって、どんどんスピードアップしていきました。

しかし最後の最後まで英文法には悩まされました。この英語の文法が苦手なのは中学のころからで、なかなか覚えられないのです。

それでも『Next Stage英文法・語法問題（桐原書店）』を2周3周とやる中で、文章を覚えてしまいました。だからテストのときにも「あっ、これだった」というように4択の問題ならば答が分かります。「この流れって見たことあるなー」というように、理解して答を導き出すというよりは、暗記で苦手な英文法を乗り越えたって感じです。文法の一部分を切り取って聞かれると答えられないのですが、例文と訳をセットで覚えてしまうことで結構答えることができました。

——大学受験を諦めかけたこともあったのですが

以前から英語と国語は少しはできるのですが、日本史は全然できなくて、受験科目によってバラバラの成績でした。武田塾は科目ごとに対策を考えてくれるので、比較的得意な科目はさらに点数を伸ばすような指導を、苦手科目は基礎からやり直して底上げするような指導をしてくれます。

入塾前は中間テストや期末テストの前くらいしか勉強していなかったのですが、入塾後はこの日はこれをやる、この日はこれをやるという風に全部指示されているので毎日コツコツとやるようになりました。

宿題で出される1週間の勉強量って意外と多いのです。ちょっと溜めてしまうとあとが大変で、それでも1週間後の確認テストに間に合わせないと先へ進めません。気が付けば毎日コンスタントに勉強するという習慣が付いていました。

それでも英単語が難しいゾーンに入ったときや未知のゾーンに入ったときなど、確認テストで合格点である8割が取れなくて再度同じ宿題をやることもありました。そのようなときには先生が「今回は少し減らそうね」と臨機応変に対応してくれました。

私の代になってから応援指導部は10人から20人に倍増していました。

毎年、6月の文化祭から7月の野球部の応援が一番忙しい時期です。文化祭では7曲やるのですが、そのうち4曲は私が曲を決めて、振り付けを考えて、ポジションを決めて、振り付けを教えて、練習指導することになります。残りの3曲は、伝統的な応援歌のような曲なので、ポジションだけ決めて教えればいいのですが、文化祭が終わればすぐに野球の応援です。野球は野球で、これまた別の振り付けを教えなければいけないのです。

そのような大忙しの時期が過ぎた3年生の8月になると夏休みです。実は私の行っていた静岡学園高校は、夏休みが2週間しかないのです。そのようなときに何もやる気がしなくなって、夏休みに入ったときからペンを持たなくなってしまいました。

急に、大学じゃなくても専門学校もありなんじゃないかと……。ウエディングプランナーの専門学校に行きたくなって、横浜まで見にいったりしていました。当然その間は、武田塾はサボっていました。

そんな時期が1か月も続いたころ、それまでも幾度も電話をもらっていたのですが、久しぶりに武田塾に行ったら、「ああ良かった」って石井校舎長が話しかけてきました。私が何をしたいのかを聞いてくれて、「専門学校も考えているんです」と話したら、「それもいいと思うよ」と私の考えを正面から受け止めながら話してくれました。

2時間くらいずっと私の話を聞いてくれて、今までのペースでずっとやらなくてもいいから無理のない範囲でちょっとずつやって、「志望校に受かったときにまた考えてもいいんじゃない」と言われ、もうちょっとだけやってみようという気持ちになりました。

――とりあえずの受験勉強と志望校を選んだわけ

志望校としては当初は立教大学を考えていたのですが、これといった理由はありません。

将来の夢とかはあんまりなかったのですが、武田塾の石井校舎長から「今はまだ将来の夢がなくても、MARCHや関関同立に行っておけば、将来の選択肢の幅が広がるよ」と言われて、MARCHクラスの学校を目指すことにしていました。今はまだ将来の夢を探す期間というか、とりあえずはMARCHのどこかに入ってサークル活動を頑張るかなって感じです。

そのための受験科目として勉強したのが、国語の現代文と古文、そして英語と日本史です。そして志望校を選んだ理由ですが、MARCHと関関同立の過去問を見て、その中で自分に合っている問題形式の大学を探しました。

私は、英語の長文が好きで文法が苦手です。国語の現代文が好きで古文がちょっとできません。日本史は、社会科科目の中では取り組みやすそうだと選んだのですが、3年生になってから始めたようなものですから、難解な問題が出ると対応できません。

自分の得手不得手や難し過ぎる問題には対応できないことを考えて、例えば英語の文法問題が少ないとか、古文が簡単だとか、日本史の問題が簡単そうなところを選びました。

このようにして赤本を見ながら武田塾の石井校舎長にも相談したのですが、私がここがいいと思うと言うと、「いいんじゃない。頑張ろう」と言ってくれるようなタイプなので、次から次へと相談に乗ってもらっていました。

あとになって関西の大学もいいなと思い始めて関関同立の過去問を調べて関西大学受験を決めるのですが、当初は模擬試験を受けるたびに志望校は立教大学にしていました。立教大学も、そして受験間近になって行きたくなった関西大学も、学校の雰囲気もさることながら試験問題が私に合っていたのです。

――受験直前に関西大学志望、お母さんと絶縁状態

静岡学園高校は宿題がないので、放課後にやるのは塾の宿題だけです。学校からダッシュで塾まで行って、自習室でめちゃくちゃ頑張るみたいな感じです。勉強が終わるころに

は父が迎えにきてくれます。先に書いたような夏休みからのスランプもあったのですが、逆にそれでリセットできたようで、気分を一新して勉強に集中できていました。

真夏のスランプに陥る前の部活動をやっていたときは部活が終わって7時ごろに塾に行ってからの3時間、部活が終わってからは時間がいっぱいあるので、受験直前期には自室に籠って毎日7時間ぐらい頑張っていました。

実は受験直前になって、母親と喧嘩して口も利かなくなっていたのです。家の中に二人だけでいても、必要なことはラインで連絡を取り合うくらいまで口を利かないようにしていました。その原因が、私が関西の大学に行きたいと言い始めたことです。その後の第一志望の関西大学に行きたいというよりも、関西の大学に行きたくなったのです。すでに3年生の冬になっていました。いきなり関西の大学に行きたくなったのです。

その原因は、先に書いたように静岡学園高校には関西からサッカーをやるために来ている生徒が多く、そのような関西出身の人たちと話していると気が合うように思えたからです。私ってキャラクターでいうと「ボケ」なんです。関西の人たちってそれこそ次々と突っ込みを入れてくれます。関東の人たちだとそのまま会話が盛り上がらないままに時間が過ぎていくのですが、関西の人たちとだと、どんどんいじってくれるので、楽しい時間が過ごせます。

でも関西は、私の生まれ育った静岡からは遠いのです。東京ならばバスでも2時間もあれば着くのですが、関西だと5時間かかります。それも夜行バスで、夜中に出て明け方に着くって感じです。新幹線は高いからそんなに頻繁に行き来できないので、母から猛烈に反対されました。おまけに受験直前になって突然言い出したものですから、「なんでいきなり関西なの？」と不満たらたらです。食事のときも口を利かないので、一緒にご飯を食べる意味もありません。

私が部屋に籠もって勉強していると、母は2階の私の部屋まで食事を運んでくれました。怒りながらも受験勉強で無理している娘が心配だったのだろうと思います。

でもここまで母と喧嘩したからには意地でも関西の大学に合格するしかありません。だから志望校として関西大学だけでなく近畿大学や甲南大学も受けました。こちらは滑り止めだったのですが、結果的には滑り止めだった関西の2校に落ちて、第一志望だった関西大学だけに受かったのです。

――受験日がどんどん近づいてくる

学校の授業のあるときは、父の職場への通り道に学校があるので、車で送り迎えしてもらっていました。授業のあとは塾の自習室で勉強しているので、そんな私に合わせて仕事を終える時間を調整して、そのまま拾って帰ってくれていたのです。

片道20分ぐらいかかるのですが、そんなときも車の助手席に座って、毎日『英単語ターゲット１９００』を使って英単語の暗記です。

高校では普通のクラスだったので、結構みんな推薦で進学先が決まります。一般受験で受ける子は、仲のいい子の中では一人しかいなくて、その子と励ましあいながら授業中も内職にいそしんでいました。先生たちも私たちが一般受験を目指しているのを分かっているので、ほぼフリーパスというか、堂々と内職をしていました。だから主な勉強場所は、塾の自習室というより高校での授業中の教室だったのかもしれません。

そして塾の自習室ですが、校舎長や講師の先生たちもみなさん優しくて、なにか分からないことなどがあってキョロキョロしていると、だいたい声を掛けてくれます。地元に帰ったときにはお菓子など買ってきてくれて、「食べていいよ」と入り口に置いてあります。

一方で、自習室で真剣に頑張っている子や、難しい顔で特訓を受けている子を見ると、「私も頑張らなきゃ」という気になります。武田塾静岡校は大学受験に挑むという張り詰めた空気とアットホームな雰囲気が入り混じった独特の空間だったように思います。

――合格通知は、レターパックで届く

関西の大学に行きたいからと、関西大学だけでなく近畿大学や甲南大学にも入試の願書を送ったのですが、ちょっと焦り過ぎた気がします。あまりにも土壇場で、何の準備もせずに受験しました。

近畿大学は出願したあとに過去問を見て、「なにこれ？　文法がめちゃあるわ」「なにこの古文、むずすぎる！」と、受ける前から戦意喪失です。

でも本命の関西大学は微妙だけれど、甲南大学は受かっていると思いました。12月に受けた地元静岡の常葉大学に受かっていたので、もし関西の大学が全部ダメなら、常葉大学に行くしかないなと思いながら合格発表を待ちました。

当然のように近畿大学は不合格でした。受かっていると思っていた甲南大学も不合格です。改めて大学受験の壁にぶつかりました。残るは関西大学だけですが、絶対受かると思っていた甲南大学にさえ落ちたので、僅かばかり残っていた自信も雲散霧消しました。死刑執行を待つような気分でしたが、4月からは地元の常葉大学の学生だなと割り切る努力をしていました。

関西大学の合格通知はレターパックで届きます。朝からウロウロと家の中を徘徊していました。時計ばかりが気になります。

10時半、ピンポーンとチャイムが鳴りました。差し出されたレターパックの差出人は関西大学です。急いで開けたら「合格おめでとうございます」という文字が飛び込んできました。「おかあさーん、受かったよ」「関西大学に受かったよ」、ベランダで洗濯物を干している母のところへ駆け込んだら、「良かった、良かった、ほんとに良かった……」とウォンウォンと泣き出してしまいました。そんな母を見て、私の方がもらい泣き状態でした。

私は、近畿大学や甲南大学に落ちたときに武田塾の石井校舎長に連絡しづらくて、ここまで落ちているんだから関西大学も無理だろうと電話一本も入れていなかったのです。ところが母の方で石井校舎長に報告を入れたり相談していたようで、私にもラインで「後期試験を考えてみたら」と書き込んでくれていたのです。

合格通知を受け取ったあと、ほぼ1か月間の母との絶縁状態を取り戻すかのように、さんざん話しては、またうれし涙が溢れるような一日になりました。

最後に、これから大学受験を目指す人たちに一言。

受験勉強は出来るだけ早く始めた方がいいですよ。志望校の過去問を見て、自分に合った出題傾向の大学を目指すといいと思います。

あとは家族と仲良くしてください。大学進学で家を離れることになる場合には特に、家族と仲たがいをしたままじゃ楽しくありませんからね。

担当教務より

教務担当：石井勇

志望校選択へのアドバイス

本人とご家族の希望は、最低でもMARCH以上でした。7月終わりに「専門学校にする」と言い出し、「それでいいなら止めないけど、専門学校はいつでも入れるよ」「やるだけやってダメならそっち行ったら？」とアドバイスしました。受験直前になって関西方面に行きたいと言い出し、「甲南もいいなー」となって関西大学、近畿大学、甲南大学を受験し、滑り止めに常葉大学の奨学生試験を受験しました。

生徒の性格、勉強法の問題点

英検2級を持っていたので英語に自信があったのですが、単語の意味と文法の問題を根拠を持って解答できていませんでした。頑張ろうとするけれど長続きしなかったり、何かと理由をつけてやらないことがありました。

受験勉強指導の重点ポイント

受験のための英単語力や文法力に大きな穴がありました。現代文は答の根拠を人に説明できるところまで徹底しました。要約をしっかり行い、古文は単語文法のインプットを徹底。日本史は言葉のインプット、『金谷の日本史「なぜ」と「流れ」がわかる本（ナガセ）』をしっかり読んで流れを押さえる、穴をつぶすという流れです。

途中経過と指導法の改善点

突然「専門学校に行く」と言い出したり、1か月くらい塾に来ないときがあったりと不安定でした。受験に対して不安な気持ちになることが多いので、「大丈夫だよ」と励ますことと基礎を固めることに集中しました。

生徒の変化と指導上の留意点

大学受験をやめたい事件のあとは、かなり受験そのものを前向きにとらえるようになりました。宿題の調整を小まめに行いました。

受験直前期対策と合格のための選択

英語は9月に段階突破テストをクリアしてルート通りに進めました。現代文、古文は日大レベル突破が12月の終わりだったので、その後は開発講座で要約に取り組みながら、関西大学の過去問に取り組みました。日本史は『一問一答』をひたすら覚え、『金谷の日本史』を読んで、関西大学の過去問で穴をつぶしました。その他の大学の過去問にも取り組みましたが、一番しっかり対策した関西大学に合格です。

これからの大学生活に期待すること

高校ではずっと悩み続けた3年間だったと思います。何度も躓(つまず)きながらもギリギリのところで踏みとどまり、着実に前に進んできたと思います。その経験を活かして他の人を支える仕事がしたいと言っていました。高校時代は応援指導部の部長として他の部活のみなさんを応援し続けてきました。これからは高校時代の吉野さんのように悩んでいる人たちのサポーターになってあげてください。

合格体験記 2

わずか1分の勉強もしなかった僕が選んだ武田塾

効率重視の自学自習で、入試直前に3教科の偏差値19・5アップ

坂田潤弥（さかたじゆんや）
現役合格

武田塾妙典校　コース：宿題確認特訓S（数学、英語、物理）

合格した大学

法政大学理工学部創生科学学科／成蹊大学理工学部／日本大学文理学部
（太字が進学先）

略歴

千葉県立国分高等学校卒（偏差値58）

行事が盛んで自由な校風の高校です。女子の制服が可愛いと評判なので、生徒の6割を女子が占めています。そのような高校で僕がやっていたのはダブルダッチという、向かい

合った2人が2本の縄を回して、その中をジャンパーが技を交えながら跳ぶパフォーマンスです。高校のクラブではないのですが、全国大会で優勝して、世界大会にも出て3位入賞しました。

そのダブルダッチは3年生の8月に引退試合をして受験勉強に専念するつもりだったのですが、今度は文化祭で主役のピーターパンを演じることになりました。それにもまた友だちと熱くなってしまって、文化祭が終わっても9月末までは文化祭の打ち上げやダブルダッチの小さいイベントに出ていました。だから本格的に受験勉強を始めたのは、試験も目前に迫った10月からです。

志望大学と受験科目

志望校を選んだ理由

大学進学によって将来進むべき道を絞り込んでしまうのではなくて、いろいろな科目を勉強して、もっと視野を広げたいと思っていました。将来はアプリ制作を仕事にしたいのですが、法政大学の理工学部を選んだのは幅広く勉強できて、今はまだ趣味でやっているプログラミングについても学べると思ったからです。

受験科目について

数学（ⅠA、ⅡB、Ⅲ）、英語、物理

得意科目と苦手科目

得意科目：物理

基礎の参考書を1周したあとにセンター試験の過去問をやってみたら意外と解けました。他の科目は勉強の量で勝負しなければならないけれど、物理はちゃんと理解すれば短期間でも出来るようになります。父親も物理が得意なので、物理に強い家系かもしれません。

苦手科目：英語

もともと苦手意識があったのですが、何をしたら得点につながるのか分かりません。長文も漠然としていて、読んでいても内容のイメージが湧かないので、頭に入ってこないのです。

武田塾と受験勉強

武田塾との出会いと入塾したわけ

高校時代、成績はクラスで最下位、学年でも下から6番目、320人中315位でした。

3年生になった5月、親からも「そろそろ勉強しろ」「塾に行くなら行け」と言われた直後に、家の近くで「逆転合格」という文字を見かけました。それが武田塾の看板やのぼり旗だったのです。さっそく親に話して、親と一緒に武田塾のホームページを探しました。すでに出遅れていることは言うまでもありません。普通の塾では授業も始まっているので今さら追い付けません。ここまで来れば自分でやるしかないので、武田塾のホームページを見て「まぁ、いっかなぁ」って感じで、無料受験相談を申し込みました。

武田塾での日々と受験勉強

武田塾に入塾する前は、1分さえも勉強した記憶がありません。学校の授業中だって、もちろん授業は聴いていなくて、周りと喋っていました。ずーっと一貫して、勉強するという習慣がなかったのです。

武田塾の自習室は、勉強しか出来ないスペースです。家だと漫画もいっぱいあるし、スマートフォンも見ることができます。それが武田塾だと周りの人たちが集中して勉強しているので、ついつい釣られて勉強することになります。

毎週の確認テストでは、分からないまま進めて自滅することもあれば、分かるまでやろうと思って時間切れで合格点が取れないこともありました。それでも後半には高得点が取れるようになり、入塾当時の偏差値は39だったのですが、8月ごろには40を超え、センター試験のときには58を超えるまで上がりました。それこそ受験勉強最後の段階では、宿題が終わってもまだ時間が余っているという感じにまでなりました。受験勉強を始めるまではダブルダッチを一日中やっていたので、その勢いと時間が上手く受験勉強に切り替えられたように思います。

私の日常生活と勉強

主な勉強場所は武田塾の自習室と妙典駅前のイオンのフードコートです。同じ場所で勉強していると集中力が維持できなくなりますから、武田塾の自習室とフードコートの両方を使うようにしました。甘いものが好きなので、自習室である程度頑張ったら、そのご褒美を兼ねてフードコートで糖分摂取です。

移動のために電車に乗ることもあまりないので、たまに移動で電車に乗ったときは自分のノートを眺める程度です。それ以外は、走って移動して隙間時間を作らないようにしていました。

武田塾に入る前は、高校の授業中は先生の目を盗んで周りとおしゃべりだったのですが、武田塾の宿題をやるための内職に切り替わりました。先生の中には「自分でやることがあるなら、そっちをやっていいよ」と許してくれる先生もいたのです。

受験直前期は、寝ている時間と食事の時間以外は勉強です。毎日最低でも13時間、多いときには15時間も頑張りました。あれだけ勉強嫌いだったのに不思議です。それだけ大学へ行きたいという気持ちが強くなっていたのかもしれません。

私のお薦め参考書、ベスト3

①リード Light ノート物理（数研出版）

基礎の参考書だと甘く見ていたのですが、応用問題にも通用する思考プロセスというか考え方を教えてくれます。すぐに何周も出来る参考書でありながら考え方が身に付いて、他の問題にも応用できるようになります。

②速読英熟語（Z会）

小説を読んでいるとき、分からない漢字が出てきても読めるのと同じように、分からない単語が出てきても読めるようになりました。この参考書で単語、熟語、長文が同時に勉強出来たのも効率的でした。CDを聴きながらの音読がとても効果的だったと思います。

③基礎問題精講数学Ⅰ・A、Ⅱ・B、Ⅲ（旺文社）

ダイレクトに数学を解くための考え方を教えてくれる参考書です。基礎にも応用にも通用する考え方を示してくれているので、無駄のない効率的な勉強をするためには欠かせない参考書だと思います。

合格体験記——**坂田潤弥**

——誰も想像出来なかった法政大学理工学部合格

「法政大学に受かったよ」と話した瞬間、「ウォォー」と父が奇声を上げました。そのあとも何か言っていたようですが、言葉になっていなくて意味不明です。その父ですが、普段は冷静で落ち着いた性格です。後にも先にも父があれほど興奮した姿を見たことがありません。

もちろん母も父に劣らずめちゃ大喜びです。かえって合格した当の本人の僕の方が、ホッとした感じで落ち着いていたと思うのですが、そのときのことをほとんど覚えていないということは、やはり嬉しさのあまり気が動転していたのかもしれません。

それほど僕にとっての法政大学合格は奇跡に近いような出来事だったのです。

今、法政大学のキャンパスに通うようになって、周りの人たちの優秀さに驚かされています。その彼らの話を聞いてみると、超難関の国公立大学や早慶といった難関私大に合格できずに、やむなく法政大学に入ったという人たちが多いのです。

僕は、出来れば日本大学に入りたい、もし日本大学がダメでもその次くらいのクラスの大学に入りたいと思っていました。第一志望が日本大学なのに、結果として法政大学に入ったなどという人は皆無に近いのです。

僕の通っていた千葉県立国分高校の偏差値は58ですから進学校というには無理があります。そして高校の中での僕の成績ですが、クラスでは最下位、学年でも下から6番目、一学年320人中315位という見事な成績です。

それでなくとも僕の通っていた高校から国公立大学に合格する人など皆無に近く、学年でも上位の成績の人たちが数十名、MARCHクラスの大学に入る程度なのです。

さらに、そのような高校の中でも成績下位の僕が受験勉強を始めたのは、武田塾に入った高校3年生の5月からですが、のちほど詳しく紹介しますがいろいろ訳ありで、本格的に受験勉強を始めたのは入学試験も目前に迫った10月になってからです。

――それまでは一日1分さえも勉強しない高校生でした

中学から高校にかけての6年間、僕が夢中になっていたのは前述したダブルダッチとプログラミングです。

父がパソコンやネットに関連する仕事に就いているので、小さいころに自分専用のパソコンを買ってもらいました。それをいじっているうちに自分でゲームを作ってみたくなったのです。

作りたかったのはホラーゲームですが、プログラミングを覚えて作ってみたら、友だちに「めちゃ面白い」と喜ばれました。「ふりーむ」というフリーゲームのサイトがあるのですが、そこでホラーゲームの部門賞を取ったこともあります。

そしてダブルダッチです。これは略歴のところに詳しく書いたので省略しますが、全国大会で優勝して世界大会で3位入賞ですから、練習だけでも大変です。

当然のように家では1分さえも勉強したことがなく、高校の授業中も友だちと話し込んでいるような有様ですから、先に書いたようにクラスの最下位の成績を維持し続けることになります。

そのような僕でも、高校3年生になると少しは焦り始めます。周りの同級生も塾や予備校に通って受験勉強を始めているのです。親からも「そろそろ勉強しろ」「塾に行った方が良ければ塾を決めろ」と言われ続けていました。

その当時の僕の偏差値は39程度ですから、入れそうな大学があるのかどうかさえ分かりません。日本大学にダブルダッチのチームがあることを知っていたので、日本大学がいいのではと思うものの、日本大学の入学試験がどの程度のものなのかも分からなかったのです。

そのようなときに、家の近くで「逆転合格」という看板やのぼり旗の文字が目に飛び込んできました。日本大学がいいかどうかの前に、僕を入れてくれる大学があるのかさえ分からないような当時の成績なので、どの大学に入るにしても「逆転合格」です。

だから親と一緒にインターネットで武田塾を検索してホームページを見つけたのです。

――もうここしかないと、武田塾に入ることにしました

それまであまり大学受験について考えたことがなかったので、右も左も分かりません。武田塾のホームページを見て「まぁいっかなぁ」「無料受験相談ってのがあるようだから、ともかく行ってみようかなー」といった感じでした。

日本大学にダブルダッチのチームがあるので「日本大学に行けたらいいよなー」などと友だちと話していたのですが、日本大学のレベルはもちろん、受験科目が何かさえ知らなかったのです。結果的には日東駒専の上のレベルであるＭＡＲＣＨの法政大学に合格したのですが、ＭＡＲＣＨの方が上のレベルで、その下に日東駒専といったレベルの大学があることを知ったのは無料受験相談のときでした。

それまでは受験勉強どころか学校の勉強さえやったことがありません。ダブルダッチの練習で疲れ果てて帰る毎日です。少し時間があるとホラーゲームの制作ですから、プログラミングの勉強をすることはあっても学校の勉強などやったことがありません。

授業中も友だちと話し込んでいるのですから、受験勉強以前の状態です。さらに、すでに5月の半ばです。塾や予備校の授業も始まっています。みんなに追い付くだけの学力もないので、ここまで来れば自分でやる系の塾しかないと思っていました。

無料受験相談では美里校舎長から、武田塾の勉強法やルートについての説明を受けたのですが、僕自身は勉強する習慣もなければ全部の科目がヤバいので、「得意科目はなに？」と聞かれても、「ありません」としか答えられませんでした。

だから無料受験相談が終わったときに、これから自学自習ができるかどうか多少の不安がありました。しかしそのころはまだダブルダッチの大会などに出ていたので、8月に引退するまでは少しずつ受験勉強をやるしかないと思いました。

それなのにその後、文化祭で主役のピーターパンを引き受けてしまったので、9月末ぐらいまでは細々と、出された宿題だけをなんとかこなしていたような有様でした。

――受験勉強も、最初は勉強する真似から始まった

入塾当時の偏差値は39です。そのあとも武田塾に入ったとはいえサークル活動や文化祭が続いたので8月ごろの偏差値は40か41程度にとどまっていました。

なにしろ勉強するという習慣がありません。武田塾流の4日進んで2日は復習に充てる勉強法も分かったような分からないような状態です。それでも武田塾の自習室に通い始めました。自宅だと漫画などもあるし、ついついスマートフォンに手が伸びてしまいます。武田塾の自習室に行けば、周りの人たちが真剣に勉強しているので、それに釣られて少しはやるようになると思ったのです。

でも最初は勉強しているふりというか、とりあえずは周りの生徒の様子を見て、見よう見まねで勉強するふりをしていたのです。ダブルダッチやヒップホップダンスも、上手な人の真似をすることで上手くなっていった経験があります。だから勉強も、最初は形から入るようにしたのです。

真似事とはいえ何とか勉強を始めたわけですが、基礎的な勉強が出来ていないので、武田塾での勉強も基礎固めから始まりました。武田塾では1週間分の宿題が出されて、1週間後には確認テストです。そこで8割以上の正答率でないと先へ進めません。不合格だともう一度、同じ範囲をやらされるのです。

その確認テストでは、入試直前期には高得点が取れるようになったのですが、最初のうちは合格点が取れずに「えー、また同じことをやるの……」と先へ進めないこともありました。

自学自習では充分理解しながら先へ進めずに目の前のテストで合格点を取ることだけを考えていると、その次のテストで合格点が取れなくなることがあります。だから分かるところまでやろうと頑張っていたら、あっという間に1週間が過ぎてしまって、確認テストに間に合わなかったこともあります。

それでも徐々に4日2日の勉強法も身に付いていきました。なぜなら、忘却曲線の話などを聞かせてもらって、勉強内容を記憶に定着させるための方法を理解したからです。短期間に自学自習の効率を最大限まで高めることが出来たのは勉強法を教えてもらうことが出来たからだと思います。

――10月、すべてを受験勉強に切り替えた

文化祭の打ち上げも終わり、ダブルダッチもほぼ完全に卒業しました。あとは受験勉強だけです。

今までは一日中ダブルダッチを夢中になってやってきました。すべての時間と集中力をダブルダッチに注ぐことが出来たからこそ、全国大会での優勝や世界大会での3位入賞があったのだと思います。その集中力を勉強に切り替えさえすればいいはずだと考えていました。そして上手い具合に集中力を勉強に切り替えることが出来たように思います。

秋以降、順調に進み始めた受験勉強ですが、その起爆剤になったのが物理だと思います。得意科目などないはずの僕ですが、基礎を1周したあとにセンター試験の物理の過去問をやってみたら、意外とすいすいと解けたのです。他の科目はある程度勉強量が必要なので、出遅れている僕には課題が多すぎます。ところが物理は、きっちりと理解しさえすれば、そこそこ解けるのです。

父も物理が得意で、なにか分からないことがあって聞くと教えてくれるのです。もしか

すると家系的に物理が得意なのかもしれません。

特に役立ったのが「私のお薦め参考書」でもトップに挙げた『リードLightノート物理（数研出版）』です。応用問題にも通用する考え方を教えてくれました。この参考書を終えたあとで過去問を解いてみたら、それまでは30点程度だったのに、一気に80点も取れるようになりました。

――物理に続いて苦手なはずの英語も得点源に

すべての科目が苦手だった僕ですが、その中でも特に苦手意識を持っていたのが英語です。長文がなんとなく頭に入ってこないのです。すべてが漠然としていてイメージが湧いて来ません。

この問題が解けるようになったらこれが解けるというのがハッキリしていないので、何をやれば得点につながるのか分からなかったのです。英語の勉強についてはすべてが上手くいかなかったのですが、一番問題だったのはシャドーイングのやり方でした。

何のために音読するのか分かっていなくて、とりあえず読むしかないと、ひたすら読み続けていました。それこそ何回も読めばいいのかという感じで、読んだ回数だけを気にしていたのです。でもそれでは読むのに時間がかかるばかりで、英語を読んでいるときに英語のまま頭に入ってこないのです。たまに分からない単語を見付けて、「これって何だろう？」みたいな感じです。

すでに12月でしたが、シャドーイングのやり方を変えないとダメだと指摘されました。なんでシャドーイングに効果があるのかとか、この長文から何を読み取るのかとかを理解し直して、それを意識して読むようにと教えられました。

それまでは『速読英熟語』の1文を5～6分かけて読んでいたのですが、それを1分で理解して読むようにと言われました。それだと頭の中で考えていては追い付きません。シャドーイングで理解出来るようになると、小説を読んでいて分からない漢字が出てきても読めるように、分からない単語が出てきても読めるようになるのです。CDを聴きながら音読していたのですが、単語、熟語、長文が同時に勉強できるようになりました。

その結果、12月までは200点満点で80点とか90点程度だったのですが、センター試験の前日にやってみた過去問で160点くらい、本番では140点くらいにまで上がりました。

――入試本番、合格、これから受験されるみなさんへ

受験勉強は本当に短期間だったのですが、「得意科目は物理です」と言えるようになりました。英語も、もはや苦手科目ではありません。シャドーイングが長文を速く正確に読むためのトレーニングとして大切だと気づいたあとは、シャドーイングをやればやるだけ点数が伸びるようになって、苦手なはずの英語の勉強が楽しくなっていきました。

そして入試本番です。直前期になると物理はもちろんのこと、英語の成績も伸びていました。センター試験のときには偏差値も58・5まで上がったのです。武田塾に入塾した当時の偏差値は39ですから半年間で19・5も上がったことになります。それも本格的に受験勉強が出来るようになったのは10月に入ってからなので、わずか3、4か月間で偏差値が20近くも上がった計算です。

もちろん、そもそもの出発点が低すぎたから伸びしろが大きかったことは間違いないのですが、MARCHクラスの大学を目標に据えることによって、日東駒専クラスの大学に入ることが目的だったにもかかわらず、当初の目標を上回るところにまで来ることが出来たのです。

その結果が、チャレンジ校だった法政大学現役合格です。その最大の勝因は、効率よく勉強出来たことだと思っています。本格的に受験勉強を始めたのは10月ですから、参考書を使った自学自習でなければ到底追い付かなかったことは言うまでもありません。それも武田塾の「ルート」という志望校合格のための最短距離での道筋が示されていたからだと思います。

僕にはダブルダッチを通じての成功体験と集中力がありました。だから武田塾からルートを紹介されたときに、それを信じて真っ直ぐに突き進むことが出来たのではないでしょうか。

法政大学理工学部はプログラミングの勉強が出来るので、さまざまなスキルを身に付け、それを活かして将来はアプリを作る仕事に就きたいと思っています。

そして今、法政大学の授業を受けながら日本大学へ行って、ダブルダッチのチームに参加しています。それ以外にもヒップホップダンスにも興味が出てきたので、ダブルダッチだけでなくヒップホップダンスでも世界に挑戦したいと考えています。

担当教務より

教務担当：美里昌幸

志望校選択へのアドバイス

当初から大学に入ったらアプリの開発をしたいと進学目的が明確でした。理系は選択肢がそれほどあるわけではないので、情報系の学部を偏差値順に紹介して、その中から自分で選んでもらいました。最初は日本大学文理学部を志望したのですが、「目標は高い方がいいよ」と高めの目標校を設定して受験勉強をスタートしました。

生徒の性格、勉強法の問題点

ダブルダッチに夢中になっていたので勉強が疎か（おろそか）になって高校の成績は最悪でした。定期テスト対策以外の勉強はほとんどしていなかったのです。それでも集中力があり、基礎をこつこつ積み重ねないと実力は付かないことも理解していました。勉強を始めると人一倍熱心に取り組んでくれました。

受験勉強指導の重点ポイント

最初の学力チェックで、中学校で学ぶ範囲でも怪しいところがあったので、英語と数学は大東亜レベルから、物理は日大レベルから始めました。時間もなく基礎も固まっていなかったので、勉強したことを常に100パーセント身に付けることを目標にしました。「武田塾のルートを日大レベルまで完璧にすれば、法政大学くらいまでなら合格できる」「まずは基礎をしっかりと固めよう」と話しました。

途中経過と指導法の改善点

スタートが遅かったこともあり、学校の定期テストもあって、受験勉強の時間が取れなくて伸び悩んでいました。それでも12月くらいには物理の理解がかなり進みました。日大レベルの段階突破テストは一発合格です。そのように伸びた要因を確かめて、宿題を「大事な問題だけやって、重要度の低い問題は無理してやらなくていい」と切り替えました。

生徒の変化と指導上の留意点

いろいろ試行錯誤したようですが、入塾当初から一貫して真摯に勉強に取り組んでいました。質問も具体的で自分で工夫しながら勉強する姿勢も持っていました。

受験直前期対策と合格のための選択

受験直前になっても数Ⅲには手を付けられない状態でしたが、日大レベルだと数Ⅲで難しい問題はほとんど出ず、基礎力が問われます。数ⅠAとⅡBに目鼻を付けてから『初めから始める数学Ⅲ（マセマ）』を完璧にすることを目標にしました。それが終わってから『基礎問題精講』の微分積分だけをやるように指示しました。英語はシャドーイングのやり方を間違えていたので、修正させて受験に間に合わせました。

これからの大学生活に期待すること

物事に真摯に取り組み、目標を達成するには地道な努力が必要であると分かっているので、特に心配していません。このまま自分の信じる道を進んで、より良い人生を送ってください。武田塾で学んだことが、人生の礎の一つになれば嬉しく思います。

合格体験記 3

褒められるとやる気が出る、個別指導が合っていた

映像授業の佐鳴予備校から転塾し、半年で英語偏差値20アップ

山田梨乃（やまだりの）
現役合格

武田塾豊橋校　コース：個別管理特訓S（入塾当初は英語、国語、数学／高校3年生の6月から英語、国語〔現代文、古文〕、日本史）

合格した大学

同志社大学商学部／立教大学経済学部／南山大学経営学部
（太字が進学先）

略歴

愛知県立時習館高等学校卒（偏差値70）

創立120年を超える伝統校です。自由な校風の共学校で、体育祭や文化祭も盛んです。東三河地域では一番偏差値が高い進学校として知られています。

私はハンドボール部のマネージャーをしていました。部活を辞めたのは高校3年生の4月ですが、高校2年生の12月から受験勉強を始めました。そのきっかけは、小学校時代から高校2年生の12月まで佐鳴予備校に通って映像授業を受けていたのですが、このままじゃ勉強にならないと武田塾に転塾したことです。武田塾で本格的に受験勉強を始めるようになって、志望校への現役合格が現実的なものになりました。

志望大学と受験科目

志望校を選んだ理由

マネジメントなど、経済や経営について学びたいと思ったので、頑張れば可能性があると思えたMARCHや関関同立の中で志望校を探しました。同志社大学は関関同立の中では一番イメージも良かったし、何よりも京都にあることに惹かれました。

受験科目について

国語（現代文、古文）、英語、日本史

得意科目と苦手科目

得意科目：国語

姉が本好きだったので、小学生のころから周りに本がたくさんありました。自然と本を読むような環境で育ったせいか、特段の勉強をしなくとも国語だけは、ある程度の成績が取れていました。

苦手科目：英語

復習していなかったので、英単語や文法などの基礎知識が欠けていました。それでも国語力を生かして、ある程度の長文の問題も解けるものですから、基礎的な勉強を疎かにしていたのです。武田塾に入ってから改めて英単語などを、それこそ半ば強制的に覚えさせられて、その結果長文の中に出てくる英単語の意味も分かるようになり、長文を読めるようになって英語の勉強が楽しくなりました。

武田塾と受験勉強

武田塾との出会いと入塾したわけ

最初に武田塾を知ったのは、家に投函されていた武田塾のチラシを母が見て、「こんな塾があるよ」と教えてくれたことからです。それまでも佐鳴予備校という映像授業の予備校に通っていました。でも次々と映像授業を申し込むものの、ずるずると観ないまま溜めていました。

自分の甘さからですが、授業料さえ払い続けていれば誰も注意してくれないし、勉強の指導も、そして管理もしてくれません。でも武田塾ならば、志望校合格へ向けての具体的な指導や学習の管理を委ねることができると思ったのです。

武田塾での日々と受験勉強

入塾後は毎日宿題が出るので、毎日コンスタントに勉強するようになりました。一週間後には確認テストもあるのでサボるわけにはいきません。サボって合格点が取れないと、翌週にはまた同じ箇所をやらされてしまいます。

その結果、わずか半年で英語の偏差値が48から68になりました。武田塾に入って勉強をしなきゃいけない環境に身を置けたことが、受験勉強を本格化できた最大の理由です。自ら進んで「勉強しなくちゃ」と思えるようになりました。

校舎長や担当講師の先生たちは、細かいところまで気を配って指導してくれました。ときには勉強が追い付かず、答を丸暗記して確認テストをごまかそうと思ったことも幾度かあるのですが、その答を導き出した理由なども次々と質問されるので、ごまかしが利きません。でも必死で頑張って、それなりの高い点数を取ったときなどは一緒になって喜んでくれるので、やり甲斐というか、勉強しようというモチベーションが上がります。

やはり武田塾は勉強の管理だけでなく、そのような受験生の喜怒哀楽をとらえた、やる気の管理までやってくれたところがすごいと思います。

私の日常生活と勉強

主な勉強場所は武田塾の自習室と学校の授業中の内職です。部活を続けていたときも、部活が終わったその足で武田塾の自習室へ行きました。

自転車で通学していたのですが、信号待ちの時間にも『日本史B一問一答（ナガセ）』をやっていました。ベッドの中で寝る前と朝起きたときには英単語テスト、トイレには日本史の年表を貼って覚えるようにしていました。

特に武田塾で基礎的な英単語力に問題があると指摘されてからですが、ほぼ毎日午前6時に起きて英単語テスト。学校へ行って授業（ときどき内職）。学校の帰りに武田塾へ行って勉強して帰宅。夜12時の就寝前にもう一度英単語を覚えるようにしていました。

私のお薦め参考書、ベスト3

①システム英単語（駿台文庫）

ほどほどの厚さで、例文や意味、多義語もしっかり書いてあって使いやすい参考書です。目次を見て、似た綴りの単語を同時に覚えることもできます。この単語帳を何周もやってからは、分からない単語が減って長文を読むのが楽しくなりました。

②スクランブル英文法・語法（旺文社）

高校で使っていた参考書です。武田塾からもそのまま使うように指導されました。解答・解説がすごく分かりやすいので、考え込まずにすぐ納得できます。この参考書を仕上げることによって、文法が完璧になったと思います。

③日本史B一問一答（ナガセ）／入門英文解釈の技術70（桐原書店）

どちらをベスト3に入れるか優劣を付けづらい参考書です。『日本史B一問一答』は一問一答形式なので隙間時間に勉強できます。自転車通学のときの前カゴに入れて、赤信号のたびにやっていました。『入門英文解釈の技術70（桐原書店）』をやることによって、SVOCが理解できるようになり、基礎的な知識を身に付けることができました。

合格体験記——山田梨乃

——映像授業の予備校には授業料を払うだけでした

通っていた高校は時習館といって豊橋市の中では一番の進学校です。勉強も頑張るけれど学校の行事にも全力で取り組むような、文武両道が息づいている高校でした。

そのような高校ですから、みんなそこそこの大学を目指しています。私もまた早い時期から、せめてMARCHや関関同立に進学しなきゃと思っていました。そのためには予備校に行かなければと佐鳴予備校に通っていました。実は佐鳴予備校には小学生のころから通っていたのです。

佐鳴予備校は映像授業の予備校ですから、自分で受ける授業を決めて、自分で申し込んで、自分で受けにいくことになります。ですから一見、自主的に勉強計画が立てられて、自分の実力や得手不得手を考慮した授業が受けられそうに思います。

でもこの自主的にというところに落とし穴があって、結局は次々と授業を申し込んだものの、ずるずると受講予定を先へ延ばして、結局は受けないまま時間だけが過ぎていくのです。

授業料さえ払っていれば、映像授業を受けなくても誰にも注意されません。見なきゃいけない映像授業を溜め込んでいるのに、「これもやった方がいいよね」「あれも受けといた方がいいよね」と気持ちだけが先走ります。気が付けば、急いでやっても果たしていつ頃になったら見終わるのか、想像がつかないほど溜まっていました。

もちろん、そうなってしまったのは私の責任です。映像授業という予備校の形式では勉強が手に付かないことは、自分自身が一番分かっていましたが、まだ高校2年生だったので、このままじゃマズイと思いつつも、ハンドボール部のマネージャーの仕事にも追われて、一日一日が過ぎていきました。

――一枚のチラシから、私の受験勉強が本格化しました

ちょっとした焦りと自分に対する嫌悪感と、このままじゃマズイと思うような日々を過

ごしていたある日、母が「こんな塾があるよ」と一枚の折り込みチラシを差し出したのです。それが武田塾豊橋校のチラシでした。

「授業をしない」だとか、「宿題管理」だとか、「逆転合格」といった文字が書き連ねてあります。「確かに映像授業では知識が身に付かないな」と、本当は映像授業さえも受けずにズルズルと先延ばししていたのですが、授業を受けなくていいのなら私には好都合です。

でもたぶん私が一番惹かれたのは、「自学自習の管理」という言葉だったように思います。自分の最大の欠点が自分で自分を管理できなくて、計画的に勉強できていないことだと思っていたからです。

一応は東三河地域では一番偏差値の高い時習館の生徒ですから、頑張ればMARCHや関関同立クラスの大学に入れるはずだと思っていました。ただし入れるかどうかは、それなりの受験勉強をしたかどうかにかかってきます。

今の私の状況が続くならば、MARCHや関関同立などはどんどん遠のいていくでしょう。

そのことは母にも分かっていました。どの程度佐鳴予備校の映像授業をサボっているのか分からなくても、娘の性格を知らないわけがありません。

だから母も武田塾のチラシを見たときに、たぶん勉強を「管理」するという言葉にピンときたのだと思います。「ここならば娘の大学受験のための勉強を管理してもらえそうだ」という思いもあって、私に「こんな塾があるよ」と武田塾のチラシを見せたのでしょう。

――高校2年生の冬、急に勉強がサボれなくなった

母の狙いどおりというか、私自身も心の奥底では願っていたのですが、入塾後は毎日コンスタントに勉強するようになりました。サボることなんて到底できないような環境に置かれたのです。

ハンドボール部のマネージャーを辞めたのは他の部員と同じで高校3年生になった4月の終わりごろです。それまでは午後7時半ぐらいまで部活をして、8時ごろにようやく塾に着きます。

それからの勉強時間はせいぜい1時間半ぐらいで、9時半には塾を出ます。だから塾の自習室での1時間半ぐらいの勉強時間では、塾から出された宿題が終わらないのです。

当然のように内職はバリバリやっていました。先生たちは内職なんてダメって感じなのですが、バレないように筆箱をパカッと開けたら英単語がズラーっと書かれたカンニングペーパーのようなものが出てくるようにしたり、英作文を日本語で書いておいて、英作文だと分からないようにしてやるなどの工夫をしていました。

それ以外にも寝る前と朝起きたときには布団の中で英単語です。トイレには日本史の年表や歴代の総理大臣の名前を書いて貼ってあります。それ以前にもトイレには世界地図が貼ってあったのですが、トイレで日本史の年表などを見た家族が食事のときに「○○が始まったのは何年だ？」「○○事件が起きたときの総理大臣は誰だ？」などと質問してくるのです。

また、自転車通学だったのですが、家と学校と武田塾がちょうど三角形になっているような位置関係なのです。だから家を出たら学校に行って、学校から塾に行って、塾から家に帰るという毎日になりました。

その自転車での移動のときですが、自転車の前のカゴにはいつも『日本史B一問一答』を入れておいて、赤信号のたびに2、3問解くのです。赤信号のときって、みんなボーっとしているのですが、意外と信号が変わるまでって時間があるのです。実はこの隙間時間利用法というか、赤信号を無駄にしない方法は武田塾の先生に教わったのです。

究極の隙間時間利用法ですが、いかにも時間を惜しんで勉強しているみたいで、「私って、すごいじゃない？」「ホント、頑張っているよね」感が出ていい感じです。

――ヘンですかね？　塾の先生に褒められたくて頑張りました

自分で目標を立てて、その目標達成のための計画を立てて、進捗具合を自分で確認して頑張れる人はいいのです。私はそのような人を尊敬しますが、私自身は出来ません。ちょっといい成績を持って帰ると家族から褒められたり、勉強を頑張っていると「頑張ってるね」と言われるからやる気になります。

長期的な目標に向かってコツコツと積み重ねることも苦手です。先にも書いたように、だから佐鳴予備校の映像授業だってどんどん溜まっていったのです。誰にも注意されることなく、誰も見てくれていない人がいないところで頑張るなんて、私には出来ません。

その点では武田塾は、志望校合格に向けての長期的な計画というか、そのルートは受験生本人である私と校舎長や講師の先生たちが共有しています。そのルートに基づいて、毎週の宿題が出されるのです。そして1週間後には、ちゃんとやってきたかどうかの確認テストです。

確認テストで合格点を取り続ければ志望校合格圏へと到着できます。でも当然、得手不得手の分野もあれば、一生懸命頑張っているつもりでも、出来たり出来なかったりと波があります。

よく出来たときは先生たちに、「おっ、頑張ったねー」「出来たねー、やれば出来るよね」と褒めてもらえます。出来なかったときは「もう少し頑張った方がいいよ」「この部分の勉強が足りなかったね」と注意されます。

だから先生たちの顔色を窺(うかが)ってというと誤解されそうですが、私自身の努力のバロメーターが、先生たちの反応そのものなのです。言い方はおかしいですが、先生たちに喜んでもらいたくて、毎週毎週頑張っていたのです。

たぶん私自身が1年以上の期間にわたって武田塾で頑張り続けられたのも、その都度先生たちに褒められたり注意されたりしたからだと思います。

答は合っていても質問攻めにされて、単に答を丸暗記していただけだと見破られたことも幾度もありました。ただ単に確認テストの成績を見るだけでなく、本当に知識を身に付けたかどうかを見てくれる先生たちでした。

だからこそ、先生たちの笑顔イコール私の勉強が順調に進んでいる、と思うことができたのです。武田塾のルートによる志望校合格への近道と、毎週毎週先生たちに喜んでもらうように勉強すれば進学の夢が叶うということが勉強の手掛かりにもなり、モチベーション維持にも役立ったように思います。

――無料受験相談で思い知らされた復習の欠如

話が戻りますが武田塾のチラシを見たあと、無料受験相談があるというので武田塾豊橋校に出向きました。相談の相手をしてくださったのが松下校舎長でした。

当時の英語の偏差値は50に届いていなかったので、「まずは英語を何とかしなければいけないね」という話になりました。

そのためには「英単語を覚えることが大切だよ」と言われ、「これからアトランダムに、いま使っている単語集から五十個聞くけど、何個ぐらい答えられると思う?」と尋ねられました。

高校では結構英単語の小テストがあって、その都度勉強していたので「8割程度なら答えられると思います」と言いました。でも実際にやってみたら半分程度しか答えられなかったのです。

改めて復習の大切さと武田塾の勉強法を教わり、志望校へ向けてのルートについても教えてもらいました。

大学進学へ向けて自分で計画を立てることや、決めたことを実践する自信がなかったので武田塾を考えたのですが、武田塾の無料受験相談のときに一番教えられたことは、復習の大切さとその復習によって基礎を固めることの大切さです。

実は英語の長文についてですが、英単語力がないにもかかわらずある程度は読むことができました。ただし長文の中の単語や文章構成を理解して、というよりは、国語が得意なので国語力というか想像力を生かして答えていただけなのです。やはりここでも英単語力や英文法などの基礎が固まっていなかったために、せいぜい偏差値50ぐらいのところで頭打ちになっていたのです。

――信じられないほど、一気に成績アップ

確かに武田塾に入塾したあとは、自分でも感心するくらい毎日コンスタントに勉強するようになりました。それもそのはずで、毎週、そして毎日の宿題が次々と出されるのです。一日でも「明日やればいいや」なんて思ったら、到底追い付けない量です。

塾の自習室ではもちろんのこと、現役生ですから高校の授業中の内職や隙間時間の有効利用まで、ありとあらゆる時間を総動員しないと毎週の確認テストで合格点が取れません。

それでも辛うじて合格点を取り続けていたのですが、『システム英単語』の確認テストがすべての範囲になったときに、合格点である8割以上が何度も取れない状態に陥りました。

このままじゃマズイと、なぜ間違えたのか見直したら、同じような綴りの単語を混同していることに気づきました。それならば混同しないようにしなければと、目次や索引などで同じような綴りが並んでいる部分を見て、同時に覚えるようにしたのです。このような工夫と努力もあって、半年で英語の偏差値が48から68へと20も上がりました。

私の場合はこのように半年間程度で、まず英語で結果を出せたことも入試に向けてのモチベーション維持につながったと思います。

でもその前提となるのが、1週間ごとの勉強に対する達成感です。先に書いたように塾の先生に褒められたいから頑張るのは「なんか違うんじゃない」と思われるでしょうが、1年先の目標に向かって頑張るのはもちろんのこと、毎月、毎週、毎日の目標を立てて、それを達成したから志望校合格に一歩近づけただなんて、そんな高尚な意欲は持ち続けられません。

確認テストで満点を取ると、「おっ、やったねー!」と声がかかります。突破できないと「なんで?」「どうしたの?」と質問攻めにあうこともあります。突破できても「合っているけど、なんでこの答にしたの?」と、理解せずに丸暗記したことを見透かされている気がすることもあります。

そのような毎日だったからこそ、一度も迷うことなく毎日の勉強に取り組めたのだと思います。

――順調なはずの英語でスランプに陥った

このようにして苦手科目でなくなった英語のはずでした。半ば国語力で解いていた長文も、英単語を覚え、基礎的な勉強を積み重ねることによって、勘だけじゃなくて確実に解けるようになっていきました。そうなると他の科目が気になります。

もともと国語は得意だったのでいいのですが、手薄になった日本史の成績が伸び悩んでいました。塾の先生とも相談して、英語はいい感じで伸びてきているので、英語の勉強時間を減らして日本史をメインにやるようにしたのです。

すると、ちょうど高校3年生の秋だったのですが、英語の長文を読むスピードがどんどん落ち始めたのです。過去問にも取り組み始めた時期だったのですが、無理やり長文を読もうと努力しても、思い出せない英単語があったり熟語でつまずいたり、思い出すにしても時間がかかってしまうのです。

そのころにはシャドーイングをやっていたのですが、おそらく長文読解が出来なくなった最大の原因は、単語力や熟語力などの能力が落ちて、推測する時間がかかるようになったことだと思いました。

そうなれば、やることは一つだけです。もう一度基礎に戻って英単語と熟語を徹底的に覚え直しました。さらに、もちろん読むスピードも大切なのですが、このスランプをきっかけに読み方を意識するようにしました。同志社大学の過去問を解いてみて、基礎的な知識が問われていると思ったのです。

その点では、お薦め参考書の中でも紹介した『入門英文解釈の技術70（桐原書店）』が良かったと思っています。私はそもそもSVOCもよく分かっていなくて。第一文型、第二文型といったように5個くらいあるのも全然分からなかったのです。この参考書でようやくその意味を理解して、基礎をつかむことが出来たように思います。

周りの人たちに聞くと、『ポレポレ英文読解プロセス50（代々木ライブラリー）』を薦める人が多いのですが、私は正直『入門英文解釈の技術70』の方がお薦めです。『ポレポレ』は一周やっただけなので詳しくは分かりませんが、センター試験の1か月前ぐらいに、ようやくスランプを脱出できたのも『入門英文解釈の技術70』のお陰だと思っています。

――同志社大学の全学部受験というシステム

私は同志社大学の入学試験を二度受けています。実は同志社大学には、各学部ごとの試験とは別に、一度のテストで全学部を受けられるシステムがあるのです。

その全学部のテストは、一度の試験で、例えば法学部と商学部と社会学部というように、複数の学部を申請することが出来るのです。そしてその人が400点取ったとして、商学部の合格点が390点で法学部が410点だとすると、商学部は合格だけど、法学部は不合格となるのです。

もちろん、私の場合は商学部ですが、各学部ごとの試験もあります。全学部試験の方が受験生も多いので合格のための偏差値が高く、各学部ごとの試験の方は受験生も減るので受かりやすいのです。私の受験時には、全学部の入試が先で学部別の試験はその4日後でした。


私が合格したのは全学部共通試験の方です。実は試験が終わったあとの自己採点で、「私、受かったかも」と思っていました。それでも合格発表は心臓がバクバクです。

合格発表を見たのは塾の自習室ですが、パソコンで自分の番号を打ってポンと押したら合否が分かります。たったそれだけの作業なのに、なんだか壮大な儀式に臨んでいるような気分です。

そして厳かにポンと押したのですが、予想通り「合格です」という表示が出ました。ラインでお母さんに「合格したよ」と送ったら、「おめでとう」と返信がありました。両親にも「たぶん受かったと思うよ」と話していたので、それほど心配していなかったようです。「ちょっと無理かも」と心配させておいて、「受かったー！」と連絡した方が喜んでもらえたように思います。

――これから同志社大学を目指す方たちへ

古都、京都への憧れも、同志社大学志望の動機の一つです。そして今、同志社大学の学生となって京都を散策しています。

授業の空きコマのときに金閣寺へ行ったり、清水寺に行ったりしています。大学や住んでいる場所からも電車やバス一本で京都駅や四条河原町といった繁華街にも行けます。

観光地なので外国の方たちも多くて、アルバイトで英語を使う機会もいっぱいあります。先輩の中には清水寺でアルバイトしている人だっているのです。

そんな楽しい大学生活ですが、受験生のみなさんにはまだ目の前に大学受験という壁が立ちふさがっています。

もし私と同じように同志社大学を目指すのならば、そのときはぜひ基礎を中心に固めてください。同志社大学は合格最低点は結構高いのですが、その代わりめちゃ難しい問題は出ません。基礎をしっかり固めさえすれば大丈夫だと思うのです。

受験勉強に取り組んで基礎が出来上がってくると、発展的なことに手を伸ばしたくなりますが、無理は禁物です。本当に基礎固めをしっかりしてください。中途半端に発展問題に取り組むよりは、もう一度基礎固めをやり直すぐらいの方が合格の可能性が高まります。

ぜひ、ぜひ、ぜひ、基礎固めを中心に頑張ってください。

担当教務より

教務担当：松下一彦

生徒の性格、勉強法の問題点

国語力に優れていて、想像力を働かせて解答を導き出すこともできるのですが、その分基礎的な勉強が疎かになっていたように思います。

受験勉強指導の重点ポイント

まずは基礎を徹底して身につけるように指導しました。

途中経過と指導法の改善点

受験勉強の基礎ともいえる英単語の暗記になかなか身を入れてくれず、その点では苦労しました。後期の模試で英語の成績が振るわなくて、改めて基礎の大切さを痛感してからは、英単語なども頑張ってくれました。

生徒の変化と指導上の留意点

自分は本番に強いというメンタルを持っている子でした。ただそれを生かすためには「基礎の完成度の高さが大事だよ！」と、何度も伝えていました。最終的には、その点にも気づいて取り組んでくれたことが大きかったと思います。

受験直前期対策と合格のための選択

志望校の過去問に多く触れることで、自分の持っている知識の使い方を覚えてもらいました。

これからの大学生活に期待すること

勉強を含めいろいろな経験をする大学生活の4年間にしてもらいたいです。すでに武田塾講師として後輩の指導に当たってくれているようですが、一人でも多くの生徒に自分の経験を伝えてもらえればいいと思います。

合格体験記

4

課題を自分で見つけて解決すれば実力が付いてくる

ラジオ好きな普通の高校生がつかんだE判定からの逆転合格

松井勇樹（まつい ゆうき）

現役合格

武田塾天王寺校　コース：個別管理特訓S（英語）、L（国語、日本史）

合格した大学

同志社大学社会学部／関西学院大学社会学部／関西大学社会学部／立命館大学産業社会学部（太字が進学先）

略歴

私立大阪明星学園明星高等学校特進コース卒（中学受験で入学　偏差値60）

中高一貫の男子校です。高校からも入れますが自分は中学受験で入学しました。校則が厳しく頭髪なども注意される学校で、中学校入学時から厳格に生活指導をされます。

高校1年の間だけソフトテニス部に所属していました。高校2年の6月ごろから武田塾に通い始め、本格的な受験勉強を始めたのは翌年の2月になってからです。

志望大学と受験科目

志望校を選んだ理由

同志社大学は古都、京都にあるという立地条件と校風の良さに惹かれていました。京都御所が近くにあり、建物もきれいで、駅からも直結で通いやすい環境です。

関西屈指の一流私立大学であることにも魅力を感じていました。オープンキャンパスにも行ったのですが、そのときに受けた模試の結果はE判定です。憧れてはいたものの、まさか自分が合格できるなんて思っていませんでした。

今はまだ特にやりたいことも見付かっていないのですが、社会学部ならば将来の選択肢も多くあるようで、いろいろなことが学べると聞きました。だから自分が行きたいと思う大学を幾つか思い浮かべて、その大学の社会学部で偏差値的にも挑戦できそうなところを目指すことにしました。

受験科目について

合格した大学の受験科目：国語（現代文、古文）、英語、日本史
その他の受験科目：漢文

得意科目と苦手科目

得意科目：日本史
もともと好きだったこともあり自発的にどんどん学んでいくことが出来ました。重箱の隅をつつくような問題は結構きつかったのですが、難しい知識を覚えることも楽しいと思えるようになりました。通っていた高校の校舎が真田幸村の真田丸の跡地にあったこともあり、時代的には戦国時代に興味を惹かれていました。

苦手科目：英語
英単語や文法を含めて、全体的に力が足りていなかったと思います。長文を読んでもさっぱり意味が分からず、苦労しました。

武田塾と受験勉強

武田塾との出会いと入塾したわけ

以前から校門前で武田塾のチラシが配られていました。「なんなんや、この塾？」「授業をしないってどういうこと？」と気になっていました。

高校2年生になって、親の勧めもあって塾を探し始め、四谷学院や増田塾を候補にしていたのですが、取りあえず武田塾の無料受験相談を受けてみることにしたのです。

無料受験相談では、武田塾の勉強法についても詳しく教えてもらいました。確かに大手予備校などで授業を受けても、自分は復習をしないだろうし、そもそも勉強する習慣もなく、学校の授業も聴きっ放しだったので、このままではマズイと思っていました。

武田塾で頑張れば、より良い大学を目指すことも出来そうで、勉強のペース管理などサポート体制も整っていると思い、武田塾に入塾することにしました。

武田塾での日々と受験勉強

入塾後は出された課題を取りあえずこなし、確認テストで合格点を取ることだけを考えていました。

最初のころは合格点の八割にはほど遠い6割程度しか取れず、翌週も同じ範囲の勉強をやり直すことが多かったのです。あまりにも自分の勉強のやり方が甘すぎました。

合格点が取れなければ延々と同じ範囲の宿題をやることになります。だからやらざるを得なかったので、そのころは無理矢理やらされているという感じでした。

それでも徐々に勉強の習慣も付いてきて、特に復習の大切さを自覚して勉強するようになってからは合格点の8割どころか9割以上の点数が取れるようになりました。

その結果、半年くらいで50以下だった英語の偏差値も60くらいまで上がりました。積極的に学ぼうと思うようになって、自分で課題を見つけて、それを考えて解決する力も付いたと思います。

私の日常生活と勉強

主な勉強場所は武田塾の自習室です。朝7時に起きて、学校ではがっつり内職していましたが、こっそりと先生にはバレないようにやっていました。携帯電話も携帯音楽プレーヤーも持ち込み禁止の高校だったのですが、移動時間には速読英熟語などを聴いていました。その携帯電話ですが、大阪で大きな地震があったあとからは非常時の連絡手段として持ち込み可能になりました。

放課後の武田塾の自習室での勉強は、夜9時くらいになるとお腹も空くので帰宅します。夜は比較的早く寝ていました。受験直前期になって学校の授業もなくなると、昼ぐらいまでは自宅で軽く勉強をして、午後から夜の9時ぐらいまでは武田塾の自習室で頑張っていました。

私のお薦め参考書、ベスト3

①システム英単語（駿台文庫）

英語の勉強のためには単語帳が一番大切です。何回も何回も反復して知識として身に付けた結果、長文などを解くうえでの自信にもつながりました。ボロボロになっていく参考書を見て、「やったな」と思うというか、ここまでやったんだという自信にもなりました。単語帳で覚えるだけでなく、間違えた単語を書き出して覚え直す努力もしました。

②日本史B一問一答（ナガセ）

分野にもよるのですが、ほぼ全体を3周から4周はやりました。同志社大学の日本史では一問一答形式の出題が多いので、この参考書で蓄えた知識が役に立ちました。

③きめる!センター現代文（学研マーケティング）

現代文は苦手ではないのですが、模試や過去問の正解率に波がありました。基本的な型を身に付けようと思って取り組んだのがこの参考書です。それまでは雰囲気で現代文を理解していたのですが、レベルが上がってくると、それだけでは点数が取れません。この参考書によって今までの適当だった解き方や読み方が一気に改善されました。

合格体験記——松井勇樹

——勉強を受け身でしか考えていなかった

受験勉強を始めた時期というか、大学受験に向けての準備をしなければと思い始めたのは高校2年生の春になってからです。高校1年生のときはソフトテニス部にも入っていたのですが、それも辞めて徐々に大学受験に向けての準備を始めようと思っていました。だから親の勧めもあって予備校を探し始めたのですが、当初考えていたのは増田塾や四谷学院です。

そのころにはすでに武田塾についても知っていました。校門前でチラシを配っていたからです。でも最初の印象とすれば「なんや、この塾」「授業をしないってなに？」という感じです。だから知名度のある増田塾や四谷学院に比べると、「ああ、こんな塾もあるんやな」という程度の印象でした。

予備校を探し始めたのは高校2年生の5月ごろだったのですが、授業中心の増田塾や四谷学院ではすでに新学期の授業が始まっています。そこで増田塾に問い合わせたら次回の入塾説明会は7月ぐらいになると言われました。

せっかく、少しは勉強する気になって予備校探しを始めていたので、7月まで待っているつもりもありません。武田塾の無料受験相談だけでも受けてみようかと思いました。

無料受験相談では僕の漠然とした話もよく聞いてもらいました。志望校のこと、大学へ行って何をやりたいのか、そして将来の夢などです。でも僕自身がはっきりとした将来の夢を持っているわけではないので明確に答えられません。それでも僕の話をひと通り聞いたあとで、それぞれの大学のことや入学してからのことなどを教えてもらいました。

そして希望する大学へ入学するための方法です。受験勉強の方法や、ルートと呼ばれるそれぞれの志望校合格のために勉強しなければならない課題についての説明です。その一つひとつが、相談に行く前に僕の予想していた内容をはるかに超えた話でした。

確かに授業を聴いているだけでは志望校合格なんて不可能です。それまでの僕自身は学校へ行ってもただそこにいるだけといえるくらい授業を受けっ放しだったのです。だからそれと同じように、予備校へ行って授業を聴いたところで状況は変わりません。

それだけで偏差値が上がるわけがないのです。

毎週の宿題の話や使う参考書についての話、確認テストや段階突破テストのことも教えてもらいました。ペース管理を含めてそこまでサポートしてもらえるのならば、授業中心の塾よりはるかに志望校合格までの道筋が見えやすいです。

ただしその前提として、当の本人である僕自身が頑張るということがあります。でも無料受験相談のときにそこまで覚悟していたかというと微妙です。だから最初は自分の甘さを思い知らされることになります。

――合格点を取るまで宿題の範囲は変わらない

武田塾で聞いたとおり、授業を聴いただけでは成績が上がらないと分かっていました。もちろん復習が大切だということも分かっていたはずです。学校でもそうなのだから予備校の授業を聴いても、結局は何も変わらないと思っていました。

集団授業も好きでなかったし、個別指導をしてもらう方がいいことも当然といえば当然です。そこまで考えると武田塾以外の塾や予備校は無意味になってきます。両親も僕の性格を知っていますから、武田塾が一番いいと思ったことでしょう。さっそく武田塾に入塾することになりました。

そして入塾後、間違いなくそれまでの授業の受けっ放しのような勉強から、参考書を使った自学自習でしっかりと勉強するようになりました。ペース管理は武田塾に任せておけばいいので、僕は毎週の宿題を着実にこなして、1週間後の確認テストで合格点を取りさえすればいいのです。

ところが、そうそう簡単には合格点が取れません。最初のころは6割程度しか取れないことも多くて、同じ範囲の宿題を繰り返すことになります。武田塾の勉強法の基本は四日進んで、そのあとの2日間は復習を繰り返すというやり方です。そのうえで1週間後の確認テストで8割以上の正答率という合格点を取れば次の範囲へと進むことが出来るのです。

入塾してすぐに、自分の甘さを思い知らされました。特に復習のやり方が甘かったのだと思いますが、同じ宿題を持ち帰るときって惨めです。今度こそ真面目にやってこないと、また同じ範囲を繰り返すことになるのです。

だから最初のうちは、「やらされている」という感じもありました。無理矢理やらされているというか、しぶしぶでもやらざるを得ないって感じです。正直なところ「なんでまた同じところをやらんとあかんのや」といった感じです。でも、ちゃんとやらないと、やっぱり先生にチェックされて、また同じところをやるしかないのです。

だから最初は「仕方ないからやるかー」といった状況が続いていたのですが、徐々に4日進んで2日は復習という勉強法が身に付いてきます。最初は確かに強制的にやらされていたといった感じだったのですが、武田塾の勉強法というか記憶法というか、自学自習のやり方が体に沁み込んでいくのです。

そうなると無意識のうちに勉強が進むようになり、合格点の8割キープどころか9割以上を取れるようになっていきました。

——自分で課題を見つけて積極的に学び始めた

結局は、授業の受けっ放しがダメなように、参考書を使った勉強もまた、やりっ放しが良くなかったのだと思います。今日はここまでやったと思っても、それが記憶として定着するところまでの復習をやり切らない限り、身に付いたとは言えないのです。そして身に付いていなければ、テスト形式の習得内容の確認のときにボロが出てしまうのです。

武田塾に入塾した当時、頭ではそのことを分かっていても、実践の過程では甘さが出ていたのだと思います。そしてそのような甘さを持ったままでは、志望校合格のためにE判定から逆転合格を実現するなど不可能なのです。

毎週の確認テストで合格点を取り続けられるようになっても、本当にそれが実力として定着したかどうかは不安でした。でも武田塾に入塾して半年ぐらいがたったころ、ちょうど『Ｎｅｘｔ Ｓｔａｇｅ英文法・語法問題（桐原書店）』が終わったころの模試で、英語の偏差値が一気に10ほど上がったのです。

『システム英単語（駿台文庫）』も結構いい感じで終えて、そこに『Next Stage』で文法力が付いたのでしょう。それまで50程度だった英語の偏差値が一気に60まで上がったのですから、それで一気に自信が付きました。

そして、そのようなこともあったからですが、自然と積極的に学ぶようになっていったようです。実はそのころ「自分で課題を見つけて、自分で考えて解くようになったね」と校舎長や講師の先生たちから口々に褒められたのです。

たぶん無意識のうちに、積極的に学ぶという勉強の習慣が定着しつつあったのかもしれません。確かにそのころには自分でさんざん考えてから講師の先生たちに相談するようになっていたように思います。

――苦手科目の克服とスランプからの脱出

それまでも校舎長や講師の先生たちから「出来なかった問題があったときには、何が足りなかったのかを考えなさい」と何度も言われていました。そのことは受験勉強の後半、特に過去問に取り組むようになってすごく役に立ちました。初見の問題に対しても解くためのヒントを思い浮かべられるようになっていったのです。

前述しましたが、僕の苦手科目は英語です。だから英語の克服が、イコール志望校への合格でもあったのです。

その苦手な英語の偏差値が、わずか半年で50から60まで上がったのですから大喜びです。もちろん自信にもつながります。その最初の飛躍の要因は、『システム英単語』で単語を覚えたことと『Ｎｅｘｔ Ｓｔａｇｅ』で文法の基礎知識を身に付けたことだと思います。

でも、実はこの段階で一度スランプに陥るのです。すでに高校2年生の終わりが近付いていたのですが、偏差値が一気に60まで上がったところで成績が伸びなくなってしまったのです。長文の参考書なども必死でやっているのですが、成績は上がりません。復習の仕方がマズイのかなとも思ったのですが有効な解決法は見つからないままでした。

スランプからの脱出法は、やり続けることしかないと聞いていました。だからというわけでもないのですが、徹底的に基礎の復習をしました。

『システム英単語』などは、いったい何回やったのか分からなくなるほどやりました。早慶レベルになると単語帳に出てくる程度の単語では太刀打ち出来ないレベルの問題が頻出します。「どうやったら読めるようになるんや」というほどの難解さです。

そのような難しい単語の出てくる長文が克服できたわけではないのですが、難しい文章をやるためにも長文の基礎の参考書に戻ったり、精読の練習をやり続けました。構造の分析とかSVOCについてなどです。

その結果、意味不明の単語が出てきたり難解な長文には対処出来ないまでも、ワンランク下の文章ならば軽々と読めるようになりました。一度基礎的な部分に戻ってやり直したことによって、難解な問題までは解けないにしても、ある程度のランクまでの問題ならば確実に解けるようになったのです。

だから今でも、行き詰まったときは基礎に戻ってやり直すことが大切だと思っています。

——もっと早くから勉強しておけば良かったと思いますが

第一志望は早稲田大学でした。そして第二志望というか併願校、僕にとって狭き門ということでは、早稲田大学とほとんど同じ存在だったのが同志社大学でした。さらにもっと早く勉強を始めていれば国公立大学も夢ではなかったのにと思っています。

もちろん同志社大学に入学できたから僕自身も大感激だし、合格を知ったときに母は今にも泣きだしそうな感じだったのです。それでもあとになると、もっと勉強しておけば良かったかなと思うのが受験生の常のようです。だからこれから受験を目指す人たちには後悔しないように、一刻も早く受験勉強に取り組んでもらいたいと思っています。

もちろん僕も、高校での授業中先生の目を盗んで内職もやっていました。授業が終わると真っ直ぐ武田塾の自習室に向かい毎晩9時ぐらいまで勉強していました。

自習室は10時まで開いているのですが、僕の気力がせいぜい9時ぐらいまでしかもたなかったのです。だからたぶん10時まで頑張ったとしても、最後の1時間は意味のない消耗戦を戦っているのと同じだったのではないでしょうか。

目いっぱい努力して到達できる志望校は人それぞれだと思います。僕の場合は現役で合格できる最高峰が同志社大学であり、自分なりに精一杯頑張ったからこそ入学できたのだと思います。

そして今、僕は同志社大学に通う大学生です。大学は当たり前ですがたくさん人がいて、そしてすごく自由なのです。高校が校則に縛られて不自由だったから余計に感じるのかもしれませんが、自分で選択できることが多いのです。授業に出るか出ないかも本人の判断です。一方でその責任も負うのですが、自分も大人になったと思います。

その大人になるための第一関門が大学入試という狭き門であることも間違いありません。せっかく辛くて苦しい受験勉強を経験したのですから、これからの大学生活やそのあとの人生に、この経験を活かしていきたいと思っています。僕の場合、社会学部を選んだのは将来の選択肢を数多く持ちたかったからです。

まだまだすべてが手探り状態ですが、目の前にさまざまな可能性が広がっています。今ちょっと思っているのは、メディア関連のことを学びたいということです。ラジオが大好きなので、在学中にはテレビ局やラジオ局などの放送局でアルバイトをしてみたいと考えています。

みなさんもまた、第一関門である志望校合格を果たし、その次の夢へ向かって突き進んでください。僕は一足先に、新たな夢を探す旅に出かけます。

担当教務より

教務担当：豊福啓輔

志望校選択へのアドバイス

本人が行きたいと思うところで偏差値の合うところから選択するという流れでした。学部に関しては、社会学というものがありとあらゆる分野を研究する学問なので、まだやりたいことが見つかっていない人にお勧めだと伝えました。

生徒の性格、勉強法の問題点

非常にまじめで、モチベーションの波はあるものの宿題はしっかりこなしてきました。高校3年生になったころはまだ積極的に問題を解いてそこから知識を吸収する意識は低かったように思います。

受験勉強指導の重点ポイント

論理的に考えることが得意な生徒なので、「なぜ」の追求に重点を置きました。初見の問題でも、どうすれば解けるかを考えてもらい、より多くの知恵を手に入れてもらいました。

途中経過と指導法の改善点

出来ないところは自ら分析させて、どうしたら伸びるのかを説明させることによって、本人の自学自習の質が上がったように思います。

生徒の変化と指導上の留意点

出来ていないところに対しての分析能力が上がり、自信が付いていったように思います。そのころからは、今度は本人が慢心しないように分析の甘さを指摘するようにしました。

受験直前期対策と合格のための選択

第一志望である早稲田大学と第二志望である同志社大学については過去問を中心に対策しました。記述問題については本人と一緒に記述の分析を行うことで、自分の足りない点を意識させました。

これからの大学生活に期待すること

ぜひ大学生活の中で、やりたいことを見つけてください。武田塾で培った自学自習の勉強法を使って、遠いと思われるような目標であっても達成してほしいと願っています。

合格体験記 5

世界史偏差値39から立教大学逆転合格

講義系参考書をマイノートにまとめて徹底暗記

照井 翔（てるい しょう）
現役合格

武田塾千葉校　コース：個別管理特訓S（英語、国語、世界史）

合格した大学

立教大学文学部文学科フランス文学専修／法政大学国際文化学部／明治学院大学文学部フランス文学科（太字が進学先）

略歴

千葉市立稲毛高等学校卒（中学受験で入学　偏差値67）

仲の良かった友だちが中学受験すると聞いて、一緒に稲毛高校附属中学校を受験しました。そのときの倍率は10倍以上だったので、合格はまず無理だと思っていたのに合格しました。

その中学受験の際に学習塾に通っていたのですが、塾では遊び感覚で少し英語を勉強していたので、もし附属中学校に受かったら、そのときは英語をしっかり勉強したいと思っていました。

ところが実際に附属中学校に入学してみると、最初はアルファベットから始めた勉強も一気に進んでいきます。猛烈な勢いで英語の授業が進むので、付いていくのが大変だったのですが、間違いなく英語力は付いていったと思います。

高校ではバスケ部に所属していました。高校2年生の1月ごろに武田塾に入って、受験勉強を始めましたが、高校3年生の6月まで部活があったので、本格的な勉強は部活が終わった7月からです。

僕の性格もあって部活も手抜きはしたくないし、学校の授業でも内職などできません。学校での授業や部活も大切にして、そのうえで大学受験に取り組もうと考えていました。

志望大学と受験科目

志望校を選んだ理由

中学3年生のときに父の仕事の関係でフランス人の友だちが出来ました。その彼とメールのやり取りをしているうちにフランスの文化や、フランス人が大切にしているフランス語にも興味を持ちました。フランス語を勉強できる大学に入って、留学生と交流したり海外留学をしたりしたいと思ったのです。

将来はフランス語や英語を使って、外国の企業と日本の企業の連携をサポートしたり、お互いの文化に触れあえるように橋渡ししたりしたいと思いました。

受験科目について

英語、国語（現代文、古文、漢文）、世界史

得意科目と苦手科目

得意科目：英語

もちろん興味があったということもありますが、附属中学や稲毛高校で厳しく指導されながら勉強したからです。

苦手科目：国語（現代文）

センター試験のときの時間配分が難しくて苦労しました。時計で時間を計りながら過去問を解く練習を積み重ねることで、少しは克服できたと思います。

武田塾と受験勉強

武田塾との出会いと入塾したわけ

高校2年生の秋が過ぎたころ、仲のいい友だちが塾を探していました。その彼が見つけてきたのが武田塾です。ともかく無料受験相談だけでも受けてみようかと出向いたのですが、そのときに英単語を覚えていることが基本だよと言われて、英単語100個のテストを受けました。

それ以前に高校でも頻繁に単語テストを受けていました。だから結構答えられるはずだと思っていたのですが、解答用紙は空欄だらけになっていました。そのことにショックも受けましたが、なるほど復習って大切なのだ、大学受験のための勉強って大変なんだと今さらながら気づかされたのです。

武田塾での日々と受験勉強

特に英単語については、4日進んで2日復習するという覚え方も指導されて、さらに確認テストで知識の定着具合もチェックされます。

そのことによって英単語の覚え方も身に付き、質・量ともに一気に向上しました。無料受験相談のときには34パーセントしか答えられなかったのですが、1週間後には90パーセント、さらにその次の宿題のときには94パーセントの正解率です。

私の日常生活と勉強

移動の時間がもったいないので、主な勉強場所は自宅のリビングです。学校がある間は放課後に5、6時間は勉強していました。通学時や授業の間の休み時間には『関正生の英語長文ポラリス（KADOKAWA）』のCDを聴いていました。

授業のなくなった受験直前期には、それまでどおり朝7時半に起きて、午前中の4時間は世界史の勉強です。午後からも世界史を中心に7時間ぐらい勉強していました。ただしそれでも必ず夜の12時前には就寝です。

私のお薦め参考書、ベスト3

①システム英単語（駿台文庫）

尋常じゃない量でしたが、3章までひたすら音読して覚えました。音読を繰り返す中で頭に入っていないと思う単語を書き出し、そのリストをお風呂の中でも見直していました。指導してくれている武田塾の先生の期待に応えたい気持ちもあって、およそ1か月で指定の範囲はマスターできました。

②大岩のいちばんはじめの英文法（ナガセ）

今だから分かるのですが、英語は長文うんぬんをいう前に、まず英文の構造を理解することが必要だと思います。この参考書によって、今まで適当に読んでいたということがよく分かりました。

難しい問題で行き詰まったときなど、常にこの参考書に立ち戻るようにしました。難しい参考書が好きではなかったのもありますが、復習したいときに自分の弱点を見直すのであれば、シンプルな参考書の方がいいと思います。難しい参考書を眺めて勉強した気になるのが一番よくありません。

③神余のパノラマ世界史（学研教育出版）

2冊に分かれているのですが、その2冊を一通りやってからノートにまとめました。最初はいろんな参考書に手を出していたのですが、この2冊を完璧にするだけで充分です。10月になってようやく一周終わったのですが、そのころの模試では60点程度しか取れませんでした。でもそこから年末年始にかけて、この参考書を使って再度重点的に勉強したので、本番では100点満点のうちの92点が取れました。

合格体験記――照井 翔

――将来の夢をはぐくんだオーストラリア語学研修

中高一貫校なので、中学校から積み上げてきた英語教育の一環として、高校2年生になると2週間にわたるオーストラリアでの語学研修があります。

最初は2日間くらいのシドニー観光があって、そのあとブリスベンへ行って、一人一人分かれてホストファミリーの家にホームステイです。かなり田舎なのですが、ホームステイ先からナンボア高等学校という学校に通うのです。ですから昼間は一緒に行った仲間と会えますが、それ以外はたとえ言葉が通じなくても、ホストファミリーと過ごすことになります。

僕の場合、英語にはある程度の自信があったので本当に楽しく過ごせました。それでも聴きとる方では問題がなくても、いざ話すとなると難しいものです。

ホストファミリーの人たちは、こちらがペラペラと喋れないのを分かっていますから、それこそ自信をもって受け答えすれば理解してくれます。文法上のミスなどを気にして喋れない人もいるようですが、僕はそれほど気にしていなかったので、ある程度は言いたいことも言えて、自分の意思を伝えることが出来たように思います。

僕が泊めていただいたホストファミリーの家には小さい子供がいました。そのことは日本を発つ前から分かっていたので、小さい子供用のプレゼントを用意しました。

それが「ねるねるねるね」というお菓子です。水で練るだけで色が変わって、キャンディチップやチョコクランチなどを付けて食べるお菓子です。小さな子供にとっては、自分で作って食べるところが面白いので、会話のきっかけになると思ったのです。

その狙いは大成功でした。作り方をしっかりと英語で説明して一緒に作ってあげたのですが、そのことですっかり懐いてもらえました。もちろん僕の英語で充分に理解できたようです。その子供は学校でも友だちに、「ねるねるねるね」を作ったんだと自慢していたそうです。


わずか10日間ほどのホームステイですが、親元を離れて他人の家で、それも日本語が通じない場所で過ごした時間は貴重です。英語を駆使することの楽しさも改めて実感しました。文化の違う国へ行って、ただ一人で、英語で会話する人たちに囲まれて生活したのです。

たった10日間程度なのに、自分の将来を考えるうえでも衝撃的なホームステイでした。別れのときは、それこそ何年もその家庭で生活していたようで、一気に何かがこみ上げてくるような寂しさがありました。

――現地の言葉で話したいとフランス語に興味

このような語学研修のためのホームステイも経験したのですが、通っていた稲毛高校附属中学と稲毛高校が英語教育に熱心だったというか、英語教育については結構厳しい指導もしていたので、ある程度の英語力は身に付けることが出来たように思います。

一方の大学に進学して勉強しようとしているフランス語とフランス文化に興味を持ったのは、中学3年生のときに出来たフランス人の友だちがきっかけです。

父の会社の仕事の関係でフランスに住むフランス人の友だちが出来ました。その彼も日本語というか日本に興味を持ってくれたので、遠い国に住む2人なのですが、メールのやり取りが始まりました。

向こうも日本語を調べて書き込んでくるのですが、こちらもフランス語を辞書で調べて返事をします。もちろん話が通じないところも次々と出てきます。そんなことを繰り返しているうちにフランス語やフランスの文化への興味が募っていきました。

高校に進学してからは、フランス語の入門書やフランスのことを紹介している本なども買って読み始めました。もちろんガッツリと勉強したとは言えないのですが、英語以外にもう1か国語ぐらい出来ればいいなと考えたとき、それならばフランス語がいいと思えたのです。

フランスの人たちって、自分たちの言葉や文化にプライドを持っています。観光地などでは英語でも受け答えしてくれるのですが、地方へ行くとたとえ英語が喋れても、フランス語で答えるといった国民性です。でも、それでなくとも海外へ行ったときは、現地の言葉で会話が出来れば楽しいのではないでしょうか。

でも絶対フランス語でなきゃとは思っていません。外国の文化や言語が学びたいのです。高校2年生のときに経験したオーストラリアの田舎町での生活もそうですが、メールでやり取りしていた友だちの住むフランス人の家庭にも、夏休みを利用して1週間ほどお世話になったことがあります。

そのようなとき、朝起きた瞬間から日本との文化の違いに驚かされます。ちょっと近くのコンビニに行くような感じで地元のパン屋さんへ行き、パンを買ってきてから朝食が始まったり、ごく普通にきれいな街並みを散歩したりします。それが当然といった生活です。

将来、もっともっと異文化に触れて、身に付けた語学力を駆使して通訳や翻訳の仕事が出来るようになりたいのです。

——得意なはずの英語でも、これじゃ入試で使えない

ここまで書いたように、語学にも興味があり、多くの時間を英語の勉強に費やしてきたはずでした。ところが武田塾の無料受験相談で、そのような僕の自信は打ちのめされてしまいました。

高校2年生になって、秋も深まるころになると塾や予備校に通い始める同級生が増えてきます。そのころはまだ部活に専念していて受験勉強どころではなかったのですが、やはり周りの動向も気になります。

だからといって多くの友だちが行っている予備校なども、授業中心ならば部活に専念できないし、たとえ映像授業でも部活が終わってからボケーっと映像を観ていても役に立たないように思いました。そのようなときに友だちから武田塾の話を聞かされたのです。

それ以前から、受験勉強をやるのならば市販の参考書を使ってやる方がいいと思っていたのです。市販の参考書なら自分の得手不得手や現在の到達点に合わせて最適なものを選

択できるので、その方が無駄がないと思っていました。友だちから聞かされた武田塾のやり方は、そのような僕の考え方にピッタリ合っていたのです。

すでに高校2年生の年の瀬を迎えていたのですが、無料受験相談と体験入塾に臨みました。

そのときに英単語を100問答えるテストをされたのですが、予想に反して惨敗です。答案用紙が空欄ばかりになってしまって、頭を抱えてしまいました。

中学、高校と英語の授業が厳しかったと書きました。次々と英単語テストもあって、特に中学生のときは単語テストなどでスペルを一つ間違えただけでもノートに30回も書かされることなどざらで、部活に行けなくなるようなことまでありました。

それなのに『システム英単語』からアトランダムに出された英単語テストが、半分も答えられないのです。それも一語一訳でいいと言われても出来ないのです。今までやってきた勉強っていったい何だったのかと衝撃を受けました。

――大学入試のための英語が必要不可欠

もちろんそのあとの大学受験のための勉強で、中学から高校にかけての英語の勉強が役立ったことは言うまでもありません。でもそれだけじゃ足りなかったのです。

中学や高校での英語の授業は、文法や自分で話すことに重点を置いているので、英単語の勉強一つをとっても『システム英単語』のように大学入試に役立つような構成にはなっていなかったように思います。

その結果にショックを受けたものの、まだ入試まで1年以上ある段階でそのことに気づいたのです。これはもう武田塾に入塾して、武田塾の指し示すルートにのって大学入試のための勉強をするしかありません。

武田塾に入ったのは年が明けてからですが、そのあとの1か月間は『システム英単語』だけを徹底的に覚えました。4日進んで2日は復習に充てる勉強法を教えられて、そのあとは『システム英単語』に載っている英単語を、1から1635まである4章までの範囲を、一日で3周、4周、5周と回せと指導されるのです。

それまでは書いて英単語を覚えていたのですが、武田塾では書かないで一単語にかける時間をせいぜい数秒、出来れば1、2秒で、一語一訳でいいので、ひたすら繰り返すという方法です。その理由は明白で、パッと見た瞬間に訳が思い浮かぶぐらいでないと、受験には役立たないという考えからです。

丸々1か月間、一語一訳をわずか1、2秒でやるのですから、軌道に乗り始めると一日のうちに同じ単語に何度も出合うことになります。やる量もやり方もそれまでとはすっかり変わったお陰で、1か月後には大概の英単語はパッと見ただけで、訳が思い浮かぶようになりました。

その結果、高校2年生の冬休み明けにやったセンター試験方式の模試では200点満点で117点だったのですが、高校3年生になって初めて受けたセンター試験方式の模試では165点でした。

改めて、語学の勉強って最後は単語力なのだと実感しています。武田塾での最初の1か月間、毎週行われる確認テストで満点を目指しているうちに、英単語を見た瞬間に日本語訳がパッと浮かんでくるようになりました。まさに「システム英単語さまさま」っていう感じです。

――一冊を完璧にすることで世界史も得点源になった

参考書って、自分で自由に書き込めるし、付箋も貼れるので、同じ参考書を持っていてもやっぱり人とは違います。一番分かりやすいようにメモをして、いつでも見返せるように工夫します。

授業ならば決められた場所に決められた時間に行って受けなければならないのですが、参考書は開く場所も時間も自分の判断です。僕自身の受験勉強を振り返ったとき、やっぱり参考書の便利さが一番大きかったように思います。

その参考書の利点を、最大限生かしたと自慢できるのが世界史です。世界史については『神余のパノラマ世界史（学研教育出版）』という講義系の参考書全2冊を使って、参考書の中に書き込んだり付箋を貼ったりするだけでなく、重要事項をノートにまとめることもしました。また『神余のパノラマ世界史』には書いていないことも追加して、ここに収録した内容さえやれば充分なはずだと思えるぐらいのマイノートを作ったのです。

実は世界史の勉強を始めたのは、夏休みに入ってからだったのです。

武田塾には高校2年生の1月に入塾したのですが、部活が忙しかったので英語と国語だけを取っていました。部活を辞めたあと、夏休みに入ってから世界史もやるようにしたのです。

世界史の参考書を一周終えたときには、すでに10月になっていました。そのころに受けた模試の成績は60点程度と良くありません。僕が頑張っているのを知っていた武田塾の先生たちからは「アレー?」という顔をされました。

でも参考書とマイノートを使ってコンスタントに身に付けているという自信はありました。そのときから年末年始にかけてようやく2周目を終えたのですが、これまでやったことを再確認しながら先へ進むのは大変です。

それでもそのような苦労があったお陰で、入試本番では9割以上の点数を取ることが出来ました。その勝因は『神余のパノラマ世界史』を完璧に仕上げたことだと思います。特に僕は近現代史が苦手だったのですが、苦手な部分だからこそ後回しにせずに、一番最初に取り組みました。

世界史での受験勉強の定番ともいえる参考書、一問一答式の問題集にも取り組んだのですが、正直なところ冬休みに一周だけやってみた程度です。

――小学生用の参考書から始めた現代文対策

超苦手科目は国語、特に現代文です。

センター試験の過去問でも、さんざん考えてこれだと思った選択肢がことごとく間違っていたこともありました。漢文まで取っていたので、時間配分も大変でした。問題文を読んで文章を整理して問題を解くまでの時間って思いのほか少ないのです。ちょっと考え込んでしまうと解く時間がなくなってしまいます。

そうなると基本的な勉強というよりは、本当に小学生レベルにまで戻って勉強し直すしかありません。そのとき使ったのが『ふくしま式「本当の国語力」が身につく問題集　小学生版（大和出版）』です。「言い換える力」や「くらべる力」といった、知っていそうで知らない部分のトレーニングから始めました。

この『ふくしま式「本当の国語力」が身につく問題集』は、英語の場合だと「私のお薦め参考書」でも紹介した中学英語からやり直すための『大岩のいちばんはじめの英文法（ナガセ）』みたいな感じの参考書です。

まさに小学生の時代にまで戻って「言い換える力」や「くらべる力」を復習して、最後は過去問です。時間配分も欠かせないので時計で計りながら、現代文へのアクセスや重要だと思われる言葉に印を付ける方法を勉強しました。

このような勉強もまた、参考書を使わないと出来ません。小学生時代の国語の授業や中学生時代の英語の授業をもう一度聞くなんて、大学受験ではありえません。参考書だからこそ一気に、小学生時代と中学生時代に欠けていたことを短期間で振り返ることが出来るのではないでしょうか。

――勉強場所は自習室より自宅のリビングが合っていた

武田塾に入ってから、夏ぐらいまでは武田塾の自習室に通っていました。塾に入ったからには自習室で勉強しなきゃと勝手に思い込んでいたのです。

部活が終わったあとからなら、ちょうどいい勉強時間なのですが、部活がなくなって、まして夏休みに入ると長時間いることになります。その自習室にも友だちは1人2人はいるのですが、話す機会もないし、身動きが取れず孤独です。

部活が終わった直後の夏休みに「さー、本格的な受験勉強に取り掛かるぞ」と意気込んで頑張り過ぎたのかもしれませんが、秋を迎えるころに体調を崩してしまいました。体調だけでなく勉強にも疲れを感じ始めました。

確かに自習室は勉強に集中できるのですが、リラックスできません。受験勉強は長期戦ですから集中力を維持することだって大変です。秋口に体調を崩したことがきっかけとなって、自宅のリビングで勉強するようになりました。そうしたら、やっぱりちょっと頑張り過ぎていたようで、家でしっかりご飯も食べて、しっかり睡眠を取ることによって徐々に体調が戻っていきました。

家でも充分集中して勉強が出来るし、自習室への移動の時間も必要がないので効率的です。おやつを食べたり食事をしたりお風呂に入ったりしながら、リラックスした状態で勉強を続けているうちに、体調不良だけでなく勉強のスランプ状態からも抜けだしました。

自宅でも息抜きにユーチューブを観ることなどもあるのですが、休むときと勉強するときの区別をハッキリと付けていました。

毎日朝7時半には起きて、朝食を済ませてから登校します。高校3年生ともなると誰もが大学受験を気にし始めますから、内職をしている生徒もいます。でも僕は、高校の授業は高校の授業で必要だからやっているのだと思っていますから、受験に使わない科目の授業もキッチリと聞いていました。

学校の勉強でも手を抜かず、定期テストで高得点を取ることが、今後のための自信にもつながると考えていたのです。お陰で、周りが内職に明け暮れていたせいか、最後の期末試験は今までで一番の成績でした。

——やがて入試、そして合格発表、立大生になりました

中学、高校と皆勤賞です。学校の勉強も頑張りました。その高校の授業がなくなったあとは、午前中に4時間勉強して午後から7時間勉強です。

午前中は覚えやすい時間帯なので世界史です。寝る前にももう一度見直すようにしていました。机に向かっている時間が長くなったので、たまには夜になってから走っていました。

国語については、先に書いたように過去問程度です。直前期に新しい参考書をやることの弊害を塾で教えられていました。だから英語も世界史も国語も、過去問中心の勉強です。

さらに土壇場で大切なことは、余計なことをしないということと併せて体調管理です。夜は必ず日付が変わる前に寝るようにしました。

「合格です、おめでとうございます」

「必ず『入学手続き』から『入学手続き手引き』を確認し、期間内に手続きを行ってください」

これがスマホに浮かび上がった文面です。携帯で入試の手続きをしたときのアカウント番号を押して、学部番号と受験番号を押して、そして「確認」を押せば結果が出てくるシステムです。その結果を一緒に見た母は涙ぐんでいました。

実は祖父が、僕の受験勉強に一番熱心だったのです。もちろん家族の中で一番時間があるからですが、僕が受ける大学の偏差値とか動向を全部調べていました。それこそ試験を受ける僕よりもはるかに詳しいのです。

立教大学出身の長嶋茂雄さんのファンだったということもあったようですが、夢中になって応援してくれていました。だからもちろん、祖父が一番喜んでくれました。

そのせいもあるのかもしれませんが立教大学に入学した今、放送研究会というサークルに入っています。このサークルには長嶋茂雄さん一途の徳光和夫さんやみのもんたさん、フジテレビの川端健嗣アナも所属していたそうです。この放送研究会出身ではないようですが古舘伊知郎さんも立教大学卒業生です。そんな放送研究会に所属している理由は、僕自身はマスコミに興味があるというよりも、ここならいろんな友人が出来ると思ったからです。そして今、その狙い通りに友人たちに恵まれています。

僕は志望校を選ぶときに、自分が将来やりたいことを考えて学部を中心に選びました。その中に立教大学文学科フランス文学専修があったのですが、結果としては立教大学で本当に良かったと思っています。

志望校と志望学部、その両方が自分の望み通りならば、モチベーションもマックスに近くなるのではないでしょうか。そのことにより、より一層志望校合格が現実味を帯びてくるように思います。

ぜひ目標を高く掲げて、夢を実現してください。

担当教務より

教務担当：高木俊輔

志望校選択へのアドバイス

本人の強い意向を尊重し、本当に行きたいところを目指せばいいと言いました。

生徒の性格、勉強法の問題点

落ち着きがあり、傾聴力に長けています。勉強法の問題点としては、思うようにいかないと焦り、本質を見失いがちであり、また分かったつもりになりがちな点が挙げられます。

受験勉強指導の重点ポイント

暗記事項、基礎事項の徹底と、活用方法の指導を重視しました。抽象的な理解を具体的な理解に落とし込む練習や、理解すべきことと暗記すべきことの区別などです。

途中経過と指導法の改善点

担当講師間のコミュニケーション不足によって、一教科当たりの勉強の時間配分の調整などに問題が見受けられたので、各講師の担当外の科目についても、進捗状況を共有できるようにしました。

生徒の変化と指導上の留意点

具体と抽象の関係の発見や論理を追う力が改善されたことが、国語のみならず各教科に良い変化をもたらしたように思います。また、理解しているという状態を自身で判断できるような指導を行い、分かったつもりにならないように留意しました。

受験直前期対策と合格のための選択

これまで勉強した基礎事項を過去問でどのように使うかを指導しました。

これからの大学生活に期待すること

物事をよく考え、自分で決断し、失敗を楽しみながら挑戦し続けてください。

サッカー部と受験勉強の両立は、基礎の暗記から

わずか1年間で偏差値48から57、E判定からの逆転合格

青木英哉（あおきひでや）
現役合格

武田塾南流山校　コース：個別管理特訓L（英語、数学）

合格した大学

法政大学現代福祉学部福祉コミュニティ学科／茨城大学人文社会科学部法律経済学科／東洋大学経済学部／専修大学経済学部（太字が進学先）

略歴

私立西武台千葉高等学校卒（偏差値55）

校則も厳しく真面目な校風です。サッカー部に所属していました。ポジションはディフェンスです。大して強くなかったのですが、朝練もあれば放課後は4時から日の落ちる7

時までビッチリ練習です。もちろん土日も練習に明け暮れていました。

本格的に受験勉強を始めたのは部活を引退した高校3年生の夏休みからですが、それでは大学入試に間に合わないと思っていたので、比較的早い時期から少しずつですが勉強を始めていました。さらに高校2年生の冬ごろから武田塾に入り、サッカー練習が終わってからの勉強なので大したことは出来なかったのですが、少しずつでも基礎の暗記を積み上げる努力をしていました。

志望大学と受験科目

志望校を選んだ理由

以前は筑波大学や埼玉大学を夢見ていた時期もあったのですが、両校ともに思いのほか偏差値が高くて挑戦を諦めました。国立の大学としては茨城大学にも合格したのですが、やはり法政大学というネームバリューに魅せられて、法政大学に進学しました。

受験科目について

進学した大学の受験科目：英語、国語（現代文のみ）、日本史

その他の受験勉強科目：数学（ⅠA、ⅡB）、生物、地学、倫理、政治・経済（筑波大学受験対策）

得意科目と苦手科目

得意科目：日本史

コツコツと暗記すれば得点できる科目だと思います。『日本史B一問一答（ナガセ）』を使った努力の積み重ねで得点が狙える科目に仕上げました。

苦手科目：数学

もともと国立大学を狙っていたので、受験には欠かせない科目でした。でも日ごろの努力がなかなか活かせないというか、臨機応変に解くような対応力に劣っていたので、初見の問題を解くことが出来ず、努力の割には結果が出ませんでした。もう少し早く現状を認識して、苦手な数学を捨てて、数学の必要のない私立大学を目指せば良かったと思っています。

武田塾と受験勉強

武田塾との出会いと入塾したわけ

インターネットで調べて武田塾を知り、さらに家の近くの南流山にもあることを知って無料受験相談を受けました。それが高校2年生の冬だったのですが、志望校に合格するためのルートを示してもらって、「これを全部こなすことが出来れば志望校に合格できるよ」と教えてもらいました。

まだまだ部活のサッカーに多くの時間を取られている時期だったので、武田塾の参考書を使った勉強法でないと部活と勉強の両立が出来ないと思ったことや、両親の励ましもあって武田塾に入塾しました。

武田塾での日々と受験勉強

当初は部活が終わってからの勉強なので、眠い目をこすりながら頑張っても、確認テストでは合格点ギリギリです。それでも武田塾の方針である一冊を完璧に仕上げるという勉強法で、徐々に大学受験に向けての勉強の仕方が分かってきました。

武田塾入塾前は不確かだった知識も着実に身に付くようになり、急激にとは言えませんが着実に成績（模擬試験での偏差値）が上がり始めました。入塾したころは、英語46・8、数学48・9、国語49・6で、平均でも48・4だったのですが、最終的に合格した法政大学現代福祉学部の偏差値は57・5だそうですから、間違いなく逆転合格達成です。

私の日常生活と勉強

主な勉強場所は武田塾の自習室です。部活が終わったあと、そのまま自習室に駆け付けるので、いつも泥だらけにして迷惑をかけていました。部活が終わった夏休みは朝9時から自習室で勉強です。本当は10時でないと自習室は開かないのですが、朝9時から自習室の掃除をしていたので入れてもらっていました。これは受験直前期の高校での授業がなくなったあとなどでも同じです。

そのようなときの勉強の割り振りは、午前中に数学をやり、午後からは英語、夜は日本史を中心にやっていました。授業があったり、まだ部活をやっていたときの最大の隙間時間は往復2時間の通学時間ですが、ほとんど寝ていました。英単語を覚えようとしても疲れ切っているので、まず不可能です。授業時間中もほとんど内職する元気がないので、うたた寝していたことの方が多かったように思います。

私のお薦め参考書、ベスト3

①速読英熟語（Z会）

読みやすい文章が幾つも出てきます。僕の場合は何度も音読することによって、自然と長文が読めるようになりました。

②英単語ターゲット1900（旺文社）

これ一冊を完璧に覚えれば、英単語で困ることはほぼなくなります。この単語帳を何周もやったので、英単語については自信をもって試験に臨めました。

③日本史B一問一答（ナガセ）

この本を完璧に読み込んでおけば、日本史における用語はほとんどカバーできます。武田塾では英語と数学に集中して特訓を受けていたので日本史対策は独学です。それでも一冊を完璧にという武田塾の方針にのっとり、武田塾のルートにもあるこの参考書を徹底的に読み込みました。

合格体験記――青木英哉

――確かに受験科目に無理があったようです

前述したように、高校時代は部活のサッカーに夢中になっていました。実はそれでも当初から、出来るだけ早い時期から大学受験に向けての勉強を始めなければと思っていたのです。

僕が通っていた西武台千葉高校は入学時の偏差値が55ぐらいですから、進学校とは言えないものの大学へ進学することが普通のような水準の高校です。実は僕は、高校受験のときに第一志望だった公立の高校に受からなくて、滑り止めでこの高校に入りました。

そのことにそれほどの悔しさはないのですが、やはりリベンジというか反省というか、大学受験では同じことを繰り返したくないという気持ちが強かったのです。

そんな僕が、漠然と将来の志望校として考えていたのが筑波大学です。

住んでいる東葛地区と呼ばれる千葉県のベッドタウンから筑波大学ならば、つくばエクスプレスという電車ですぐに通えます。さらにもう一つ考えたのが埼玉大学です。こちらも武蔵野線を使えばそれほど離れていないというか、自宅から通える距離にあります。
武田塾の無料受験相談を受けて、高校2年生の秋ごろから武田塾に入塾したのですが、サッカー部との両立もあって国立大学の数多くの受験科目の中でも英語と数学の指導だけをお願いしました。でも結果的には、数学が苦手だったのに、国立大学を狙うのはそもそも無理があったようです。

言い訳に聞こえるかもしれないのですが、数学が苦手だから志望校である筑波大学にはほど遠かったというよりは、筑波大学や埼玉大学の偏差値の高さが認識できていなかったからかもしれません。

筑波大学や埼玉大学は、それらの大学を第一志望で目指すのではなく、東京大学や大阪大学が第一志望だけど、センター試験でミスったから筑波大学にしたとか、埼玉大学にしたという受験生もいます。それでなくても数学に難のあった僕には、無理難題だったのかもしれません。

――それでも着実に成績は上がっていった

しかし武田塾に入って受験勉強を始めた僕にとっては、志望校の難易度以前の壁が立ちふさがっていました。それが部活との両立です。

ある意味武田塾に通い始めたのも、部活と受験勉強を両立させられるところは、ここしかないと思ったからです。決められた時間に予備校まで行って、授業を受けるなんて不可能です。映像授業では寝てしまうに決まっています。もちろん最初から生授業の予備校は問題外でした。

それでも映像授業の予備校についても考えたのですが、ある程度の時間を拘束されるのは目に見えています。それと併せて一方的な講義を聴くだけで学力が上がるわけがないと思っていました。

毎日7時ごろに部活が終わって、武田塾の自習室に駆け付けるころには8時になっています。それから2、3時間も勉強すれば夜中です。

部活で疲れ果ててからの勉強ですから、そうそう頭に入ってきません。ともかく毎日少しずつでも続けるしかないと覚悟を決めて、武田塾の自習室に通い続けました。これもまた前述したように、泥だらけのまま通い続けました。

そして自習室でやるべきことは、武田塾から指示された1週間の宿題です。武田塾の設定した合格までのルートに基づく参考書の、決められた範囲を1週間の間にやってこなければならないのです。

――暗記の積み重ねで逆転合格できたと思う

武田塾の勉強法は、4日間進んで2日間を復習に充て、1週間後には確認テストです。授業だと1回聴いてそれでお終いですが、常に復習が義務付けられています。

この勉強法が僕には一番合っていたようです。授業を聴くだけで理解できて、さらに覚えられるほど頭が良けりゃいいのですが、僕の場合はコツコツと努力しない限り、勉強したことが定着するはずがありません。さらに武田塾では、1週間後の確認テストで80点以上という合格点を取らない限り、前へと進めないのです。

確かに僕はコツコツタイプというか、努力の積み重ねで目標を達成するタイプだと思います。

そんな僕が武田塾の無料受験相談のあとに読んだ本があります。武田塾の林塾長の『受験合格は暗記が10割（幻冬舎）』という本です。

そこには大学受験に成功するためには暗記が大切だという話と併せて、そのためにも参考書を使って勉強することによって、E判定からでも「逆転合格できる」と強調されていました。

入塾したときの偏差値が48・4ですから、当時の志望校だった筑波大学なんて雲の上の存在です。当時の成績では、結果的に合格した法政大学や茨城大学も間違いなくE判定、それこそ受験するだけ無駄なくらいの成績だったのです。

でもこの『受験合格は暗記が10割』という本の中には、参考書を使って英単語を始めとした必要事項を確実に暗記すれば、逆転合格が可能だと書かれていたのです。

だから結果的に僕がやったのは、毎日武田塾の自習室に通い詰め、毎週武田塾から指示された範囲の参考書をやり続けることでした。

高校受験で第一志望だった公立の高校がダメで西武台千葉高校に入ったと書きましたが、その高校受験のときだって、それなりの努力はしていたのです。それでもなぜ身に付かなかったのか、なぜ結果につながらなかったのかということは、今ではハッキリと分かるように思います。

頑張って勉強していたものの、やりっ放しだったのです。参考書を一周やって「ヤッター！」「終わったー！」と満足していただけなのです。やはり勉強で怖いのは「やったつもり」「できたつもり」だと思います。先に書いたように4日間進んで2日間を復習に充てる方法や、確認テストで定着具合を確認してから先へ進むという方法によって、受験のための勉強が着実に進み始めました。

――結局は挫折してしまった数学の勉強ですが

他の科目は基本的な内容をひたすら暗記すれば、そこそこの点数が取れるようになります。分からないことも答を見て解説を読めば、「なるほど、そうか」と理解できます。ところが数学だけは、答を見ても「なんでー？」と思うだけですし、解説を見ても意味不明の場合が多いのです。

武田塾の特訓の前に、疑問点を書き出して持っていきました。でも最初に確認テストを受けてから講師の特訓時間なので、分からないまま疑問のままになっているところが確認テストで出ると合格点が取れません。

運良く分からない部分以外の設問が出て合格点が取れたとしても、そのあとでもともと分からなかったところを質問するしかありません。それでも参考書を仕上げることにこだわって準備していたので、ほとんどの確認テストは合格点を取っていました。

数学は、中学時代からの積み重ねが大切なようです。高校の2年生後半や3年生になってから急きょ努力しても何とかなるものではないようです。もしかしたら僕の失敗は、その数学も頑張って国立大学を狙おうと思ったことかもしれません。たぶん早い時期に数学に見切りをつけ、3科目に絞ってMARCHや早慶を狙った方が、学部も含めてもっと高みに立てたのかもしれません。

これはこれから受験勉強を始めようという人への助言ですが、受験科目に数学を含めたままにするのか、数学を除く受験科目を選択するのかは、遅くとも高校3年生の夏休みまでには考えるべきです。そのことによって、より合理的に受験科目を選択して、より偏差値の高い大学が目指せると思います。

もちろん僕は、数学の勉強をしたことがまったく無駄だったとは思いたくありません。

たぶんこの先の人生で、あのとき数学をやっておいて良かったと思えることもあるでしょう。でもそれは余裕のあるときです。切羽詰まった大学受験では、自分の得手不得手も最大限に判断基準に入れるべきだと思います。

ちなみに僕が進学した法政大学現代福祉学部の受験科目は英語と国語と日本史。それも国語は現代文のみですから、僕にとっては点数の取れる科目ばかりだったのです。

――もう一度、部活と受験勉強の両立について触れますが

しつこいようですが、部活と受験勉強を両立させる方法は、たとえ少しずつでも毎日欠かさず勉強することしかありません。僕の場合は疲れているので通学の電車の中では寝ていたと書きました。

それでなくとも受験勉強に費やす時間が制限される現役生です。さらに体育会系の部活ともなると、練習に時間を割かれるだけでなく、それこそ限界近くまで体力を消耗します。

お陰様で僕の場合は、「着実に成績が上がったよね」と長野校舎長から言われました。短いようでも長い受験勉強の期間ですから、スランプに陥ったり伸び悩んだり、ときにはガクッと成績の落ちる人も多いようです。そんな中で少しずつではあっても着実に成績が

伸び続けたと長野校舎長にも褒められましたが自分でもそのように思っています。

その理由は、これもまた繰り返しになりますが自学自習の癖が付いたことと、4日進んで2日は復習に充てるなど、着実に身に付けていく方法を学んだことです。だからこそ部活で疲れ果てていても、一歩一歩前へ進むことが出来たのだろうと思います。

お薦め参考書については前述しましたが、『速読英熟語（Z会）』『英単語ターゲット1900（旺文社）』『日本史B一問一答（ナガセ）』などは、それこそ何周も取り組みました。

他にも、センター試験が終わったあとに英作文が必要だということになって、長野校舎長に指示された『英作文ハイパートレーニング和文英訳編（桐原書店）』を徹底的に繰り返しました。『日本史B一問一答（ナガセ）』をやる前には、講義系の参考書『金谷の日本史「なぜ」と「流れ」がわかる本（ナガセ）』も使いました。

要は部活をやっているときも、一冊一冊の参考書を確実に押さえていったということです。自習室にも貼ってあったのですが、武田塾の標語に「一冊を完璧に」というのがあります。部活で疲れ果てているからこそより丁寧に、これでもかこれでもかと同じ参考書を何周も繰り返しました。

――それでも現役で合格できたことに驚いています

早慶など超難関大学を目指す方たちなら大したことはないと思われるでしょうが、法政大学現代福祉学部福祉コミュニティ学科、茨城大学人文社会科学部法律経済学科、東洋大学経済学部、専修大学経済学部と立て続けに合格です。

武田塾に入塾した高校2年生のころの成績から考えると、このうちの1校たりとも受からなくても当然でした。もちろんもっと高みにある大学を目指していたのですが、現実は厳しくて、まして部活も最後まで続けながら現役で目指すとなれば至難の業です。

僕自身、これだけ次々と合格出来てホッとしているのですが、特に父が僕の受験に夢中でしたから、一番ホッとしているのではないでしょうか。もっともそれ以上にハラハラドキドキしていたのは母のようです。そして今、もうすでに大学生として法政大学に通っています。

高校時代を振り返ると、部活に受験勉強にと我ながらよく頑張ったと思います。部活も休まず、授業も真面目に出て、さらに受験勉強をしていたのですから、「偉い偉い、よく頑張った」と自分を褒めてやりたいです。

もちろんご多分に漏れず、授業中に内職をしていました。ただし僕の内職は、政治・経済の授業のときに、遅れていた政治・経済の勉強をやるといったことで、バレてもたぶん先生が認めてくれるような内職でした。なにしろ真面目な校風の西武台千葉高校ですから、僕も及ばずながら伝統を守ったのです。

このように頑張って法政大学に合格できたのです。だからって威張って言うわけではないのですがこれから受験される方たちへのメッセージです。

部活と両立させるためには、たとえ少しずつでも毎日の勉強を積み重ねることが大切だと思います。ぶれず、たゆまず、コツコツと。そうすれば着実に偏差値も上がります。

ただし僕自身はちょっとつまずいたので、受験科目に苦手科目を入れていいのかどうかは夏ごろまでに決めてください。僕が法政大学に受かったのは、法政大学の受験科目と範囲が僕の得意分野と合っていたからだろうと思います。

担当教務より

教務担当：長野洋平

志望校選択へのアドバイス

本人やご両親とも話し合い、何を学びたいのかを最優先に選択肢を絞り込んでいきました。最後には現代福祉 or 経済へと絞り込み、受験科目のバランスと合わせて受験校を選んでもらいました。

生徒の性格、勉強法の問題点

集中力の高さには目を見張るものがあり、出された課題は確実にこなしていました。ただしその生真面目さゆえか、疑問点を特訓時まで溜め込んでしまう傾向にありました。

受験勉強指導の重点ポイント

提示された課題を確実にこなしていくことに関しては、まったくと言っていいほど問題はありません。そのような彼の性格も考慮して、目の前の課題に集中し切ってもらうために、余計な情報は与えずに学習を進めるようにしました。

途中経過と指導法の改善点

暗記にめっぽう強くて、特に日本史の成績の伸びは顕著でした。その一方で疑問点を溜め込む傾向があって、そのために数学でつまずく場面が数多く見受けられました。学習に関する疑問は、すぐに質問するように誘導したのですが、特に数学に関してはなかなか質問できる段階にまで疑問点を整理できないのか、相変わらず質問を躊躇(ちゅうちょ)するような状況が続きました。

生徒の変化と指導上の留意点

それでも大学に関しての質問や英作文のような分野別の細かい対策等を自発的に質問してくるようになりました。受験した茨城大学では和文英訳が必要だったために、センター試験が終わったあとに『英作文ハイパートレーニング和文英訳編』を徹底的に、繰り返し演習してもらいました。

受験直前期対策と合格のための選択

センター試験の結果を受けて、英語・国語・日本史の3科目で受験ができる大学に絞り込みました。最終的な受験校については本人の意向も踏まえ、保護者の方との協議を繰り返して決定しました。成績に大きなばらつきがなく、精神的にも落ち着いて安定して得点できるタイプです。そのような安定感から、入試本番についてはあまり心配せずに送り出しました。

これからの大学生活に期待すること

自習室や特訓ルームでの、まじめにコツコツと頑張っていた様子からは、遊んでいる彼の様子はまったく想像できません。ですから勉強に関しては、あの集中力をもってすれば何も問題はないはずです。大学ではぜひ、自分の好きなことをする時間を作って、大いに楽しんでもらいたいと思っています。

合格体験記 7

東進ハイスクールの自習ブースから武田塾へ

お気楽な映像授業を受けず、シビアな確認テストをあえて選んだ

大原啓輔（おおはらけいすけ）
現役合格

武田塾水戸校　コース：個別管理特訓S（英語）、L（国語、日本史）

合格した大学

明治大学政治経済学部／明治大学商学部／青山学院大学国際政治経済学部／立教大学経営学部／立命館大学政策科学部・国際関係学部（太字が進学先）

略歴

私立水城高等学校卒（偏差値55）

スポーツに力を入れている明るい雰囲気の高校です。部活には所属していなかったのですが、友人たちとフットサルのチームを作っていました。高校時代の主な遊びは週3～4

回のカラオケです。受験勉強を始めてからも気分転換を兼ねて通っていました。

高校入学時から東進ハイスクールに通っていたのですが知識があまり身に付かず、このままじゃマズイと本格的に受験勉強を始めたのは高校2年生の夏ごろからです。そのあとしばらくして武田塾に入りました。武田塾に入ったあとも東進ハイスクールに在籍したままにしておいて、東進ハイスクールのブースは自習室代わりに、武田塾は毎週の確認テストや特訓もあるので実戦の場といった気分で臨んでいました。

志望大学と受験科目

志望校を選んだ理由

明治大学は父の助言と、漠然とした憧れもあって志望しました。少なくともMARCH以上の大学、出来れば早慶クラスの大学に入ろうと思っていたのです。学部の選定にあたっては、経営者でもある父の「座学で経済を学ぶことも大切だ」という意見が影響したように思います。

受験科目について

合格した大学の受験科目：英語、国語（現代文、古文、漢文）、日本史
その他の受験勉強科目：政治・経済（政治経済学部志望のための基礎知識習得）

得意科目と苦手科目

得意科目：日本史

歴史にはストーリー性があるし、個々の歴史の背景を学ぶのも楽しいので、参考書を読んでいても夢中になれる科目です。

苦手科目：国語（現代文）

結構頑張って勉強したのですが、それでも点数が安定しないことに不安になって、自分の答案に自信が持てなくなってしまいました。武田塾の先生たちに相談して、先生と一緒にセンター試験の現代文を解くことによって勉強の質と量を高める努力をしました。その結果、なんとか必要最低限の点数は取れるようになったと思います。

武田塾と受験勉強

武田塾との出会いと入塾したわけ

略歴にも書いたように高校入学時から、3年後の大学受験を目指して東進ハイスクールに通い始めました。でも映像授業というビデオを使った勉強では甘えも出てなかなか進みません。たとえ熱心に観たとしても身に付かないのです。そんなときに受験参考書や勉強法についてネット検索をしていて、ユーチューブの武田塾の動画に出会いました。

そこで紹介されていた武田塾の勉強法やルートに基づく参考書を使って自学自習を始めたのです。お陰で一気に成績が伸びたのですが、高校2年生の10月ごろになって成績が頭打ちになってしまいました。そのころには武田塾が水戸にもあることを知っていたので、無料受験相談を受けることにしました。

無料受験相談でお聞きした話は、志望校合格までのルートや武田塾の勉強法はユーチューブで観たとおりだったのですが、僕に合った学部の選び方や、父のように経営者になりたいと考えていた僕のために稼げる大人になる話や大学のそのまた先のゴールの話など、大学受験のためのモチベーションアップにつながる幅広い話もしてもらって、ここなら勉強できると確信を持ちました。

武田塾での日々と受験勉強

武田塾入塾後は徹底的に、勉強の進捗状況を管理監督されました。毎週の勉強の完成度も確認テストによって数値化されて言い訳ができません。その結果、特に英語がすごく伸びて、河合塾の模試では偏差値70超えが出るようになりました。

毎週実施される確認テストでは多少の波はあったのですが、8割以上の得点率でないと先へ進ませてもらえないので、平均して85％くらいは取り続けていました。

武田塾に入って、さぼれない環境に自分を追い込めたことで、間違いなく成績は上がりました。特訓を担当していただいた講師の先生も話をよく聞いてくれて、学校の定期テストなどのスケジュールに合わせて指導してくれたので、スムーズに勉強できました。

私の日常生活と勉強

主な勉強場所は東進ハイスクールのブースです。映像授業を聴いているふりをして武田塾の宿題をやっていました。高校での授業中も、武田塾の宿題に専念していました。

受験が近付いて授業もなくなるころになると、朝9時から夜の10時ぐらいまで勉強です。休憩も小まめに取るようにしていたのですが、疲れたら好きな日本史をやるようにしてい

郵　便　は　が　き

料金受取人払郵便

代々木局承認

6948

差出有効期間
2020年11月9日
まで

1518790

203

東京都渋谷区千駄ヶ谷 4-9-7

（株）幻冬舎

書籍編集部宛

1518790203

ご住所　〒

都・道
府・県

フリガナ
お名前

メール

インターネットでも回答を受け付けております
http://www.gentosha.co.jp/e/

裏面のご感想を広告等、書籍の PR に使わせていただく場合がございます。

幻冬舎より、著者に関する新しいお知らせ・小社および関連会社、広告主からのご案内を送付することがあります。不要の場合は右の欄にレ印をご記入ください。

不要 □

本書をお買い上げいただき、誠にありがとうございました。
質問にお答えいただけたら幸いです。

◎ご購入いただいた本のタイトルをご記入ください。

『　　　　　　　　　　　　　　　　　　　　　　』

★著者へのメッセージ、または本書のご感想をお書きください。

●本書をお求めになった動機は？

①著者が好きだから　②タイトルにひかれて　③テーマにひかれて
④カバーにひかれて　⑤帯のコピーにひかれて　⑥新聞で見て
⑦インターネットで知って　⑧売れてるから／話題だから
⑨役に立ちそうだから

生年月日	西暦　　　年　　　月　　　日（　　　歳）男・女			
ご職業	①学生	②教員・研究職	③公務員	④農林漁業
	⑤専門・技術職	⑥自由業	⑦自営業	⑧会社役員
	⑨会社員	⑩専業主夫・主婦	⑪パート・アルバイト	
	⑫無職	⑬その他（　　　　　　　）		

このハガキは差出有効期間を過ぎても料金受取人払でお送りいただけます。

ご記入いただきました個人情報については、許可なく他の目的で使用することはありません。ご協力ありがとうございました。

ました。前述したように、気分転換を兼ねて友だちとカラオケに行くこともありました。

私のお薦め参考書、ベスト3

①ポレポレ英文読解プロセス50（代々木ライブラリー）

これを読めるようになったあと、どんどんと赤本が解けるようになりました。この参考書を何周もやったことで、長文読解についても自信が付きました。

②日本史B　講義の実況中継（語学春秋社）

ストーリー性があり、臨場感もあるので歴史小説を読む感覚で勉強できます。量も多くて内容も濃いのですが、読みやすくて楽しい参考書です。勉強のためだけでなく、他の科目の勉強に疲れたときも、息抜きを兼ねて読んでいました。

③システム英単語（駿台文庫）＆金谷の日本史「なぜ」と「流れ」がわかる本（ナガセ）

大学受験の本番は戦（いくさ）みたいなものです。「オレはここまでやってきたんだぞ」と優位性を誇示するというか、マウントを取ることも必要だと思います。

ボロボロになった『システム英単語』を、これ見よがしに試験会場に持参しました。お守りの効果もあるし、ポケット版だといつでも使えます。もう一冊の『金谷の日本史』は、付箋をたくさん貼って分厚くなった本を試験会場に持ち込んで、「ここまでやったヤツはいねーだろ」とマウントを取っていました。

合格体験記——高校2年生になって、大学受験が現実味を帯びてきた——大原啓輔

出身高校の私立水城高校では、コースが4つに分かれています。僕は特進コースという大学受験を目指すコースだったのですが、4つのコースのうちの一つはスポーツのためのコースで、スポーツ推薦で入学してくる生徒が大半を占めています。だから当然のように、スポーツの強い高校です。駅伝では何度も全国大会に出場しています。野球でも優秀な選手を数多く抱えていますので、茨城県の強豪校として知られています。

そして残りの3つのコースは、3段階に分かれた勉強のためのコースです。幅広い学力に対応したコース分けになっているので、難関大学へ進学する生徒もいれば、理美容などの専門学校へと進む生徒もいます。

ここまでスポーツに強い高校ともなると、普通の生徒には部活は縁遠いものになってしまいます。僕は友だちとフットサルのチームで汗を流すこともあったのですが、特に高校1年生のころは毎週のようにカラオケに行っていました。実は毎週どころか1週間のうちの3、4日はカラオケルームに入り浸っているといった状態でした。

高校1年生のときから映像授業の東進ゼミナールに通い始めました。部活にも所属していないのでヒマだったということもあります。また一応は特進コースですから、高校入学時から大学受験が念頭にありました。そのためには人より早く受験勉強に取り組むことが必要だと思ったのです。

ただしそれでも大学受験のための勉強を始めたというにはお寒い状態でした。映像授業は、それなりの講師の人たちの授業なので、面白いことは面白いのですが聞き流すだけです。もちろん聞くだけでは身に付かないことは分かっていても、そのためのアクションが起こせません。

東進ハイスクールに通っていることは、親への言い訳だけでなく、「勉強してるもん、俺」と、勉強しているつもりと自分自身への慰めと言い訳になっていました。

ところが高校2年生になったときにクラス替えがあり、受験勉強に真剣に取り組んでいる人たちと同じクラスになりました。もちろん僕も東進ハイスクールに通っていましたが、他の人たちは僕など比べ物にならないぐらい頑張っていたのです。

しかし僕には「いやいや、お前は無理でも俺なら入れる」といったプライドや、「あいつにだけは負けたくない」といった競争意識があり、がぜんやる気になっていました。

――ルートに基づく自学自習で、急激に成績は伸びたのですが

がぜんやる気になったものの、そのころには東進ハイスクールの映像授業では成績が伸びないと実感していました。当初は自分自身に対する甘えから、サボっているので身に付かなかったのですが、まじめに聴いても身に付きません。ただ時間だけが過ぎていくという感じです。

これじゃまずいと、ネットで勉強法や役立つ参考書はないかと検索しました。そのときに辿り着いたのがユーチューブの『武田塾チャンネル』です。志望校へ向けての参考書の選び方から勉強法まで、それこそ「ルート」と呼ぶ指針を表にして教えてくれていました。

そのころはまだ引き続き東進ハイスクールに通って、年間で約50万円分の授業を取って

いました。でもこのころからすでに、東進ハイスクールの映像授業のためのブースに座ることは座りますが、自学自習で武田塾のルートに基づく参考書をやっていました。

実はそのころから半年ぐらい、東進ハイスクールのブースを使ってユーチューブで知った武田塾のルートに沿って、参考書を使った自学自習で勉強をすればいいと思っていたのです。東進ハイスクールにも自習室はあるのですが、映像授業のためのブースが僕には居心地が良かったのです。

その結果、やはり参考書を使った自学自習は効率がいいですから、高校2年生の夏休みごろには、みるみる成績が上がり始めました。この段階では武田塾の勉強法を東進ハイスクールのブースを使ってやっていただけなのですが、間違いなく成績が上がったのです。

しかし徐々に成績が伸び悩み始めます。すでに夏休みも終わって、木の葉も色づき始めるころになると完全に頭打ち状態になってしまいました。

もちろん当初は基礎固めが中心なので、その段階では基礎的なことを暗記するだけでも成績に反映されます。だからその時期は、急速に偏差値を上げることが出来たのでしょう。

でも応用が必要な段階というか、より実践的な受験対策に移行する段階になって、行き詰まってしまったのです。

もう一つの理由は、どんどん成績が上がっていると実感しているときは一人でも頑張れるのですが、応用段階に入って困難さが増すにつれて、気力がもたなくなってくるのです。ついつい自分に対する甘えというか、「今日は頑張ったから、カラオケで気分転換だな」といった風に、勉強の成果を基準に考えるのではなく、頑張った時間だけを基準に「いっぱい頑張ったから、もういいや」となるのです。

――親にも相談せずに飛び込んだ武田塾の無料受験相談

ユーチューブの『武田塾チャンネル』を参考にした自学自習で急速に成績が伸びたのですが、半年もしないうちに行き詰まってしまったのです。そのときになって、こんな場合は武田塾のやっている無料受験相談を受けるしか打開策はないと、ごくごく自然に思いました。

親にも相談せずに飛び込んだ武田塾の無料受験相談ですが、実はそのときすでに武田塾の人の話を聞いて、僕の思いどおりならば武田塾に入りたいと考えていたのです。

その理由は簡単です。武田塾の勉強法も志望校合格のためのルートについても概要は分かっています。それどころか数か月間、武田塾のやり方で勉強して、ハッキリとその成果も出ています。しかし10月になって成績が伸び悩み始めたとき、自分自身でも自己管理に問題があると自覚していたのです。やはり甘えからか、長期戦になる受験戦争を戦い抜くには覚悟が足りないように思ったのです。

武田塾に入塾すれば、客観的な立場から僕の状態を見て、厳しく指導してくれるのではないか。また、そこまで自分を追い込まなければ、志望校に合格できないと考えました。

そのような思い込みというか、ちょっとは崖の上から飛び降りるような気分で臨んだ無料受験相談ですが、拍子抜けするくらいラフな話で盛り上がることになります。

――ルート、勉強法、そして何よりもやる気が必要だった

受験相談には折よく、武田塾水戸校のオーナーでもある川崎一先生も同席してくださいました。僕の方は武田塾のやり方やルートは知っていましたから、成績が伸び悩んでいる現状を話して、打開策についていろいろとお聞きしました。

ひと通りの質問に答えてもらって、勉強の進め方についても教えてもらったあとで、志

望校の話から「いやお前、その学部よりこっちの学部なら、こんな面白い資格が取れるよ」だとか、「こんな面白いことやっている大学があって、実はここはこの大学とも連携しているよ」といった風に、次々と最新の大学情報を提供してもらいました。川崎一先生が言いたかったのは、大学受験がゴールではないという話です。

実は僕の父が経営者で、親戚もまた経営者というか事業家が多い家系です。そのような家庭環境ですから、僕も起業家に憧れていました。そんな僕の思いを察してか、大学入学のさらにその先の目標というかゴールを指し示してくれて、何のために大学を目指すのかという意欲を湧かせるための話へと広げてくれました。

先にも書いたように、参考書を使った自学自習で基礎的なところをやっているときは急速に成績も上がったのですが、より実践的なというか高度な勉強になって、応用力が求められる段階になると当初のような勢いだけでは突破できなくなるのです。そこで本当に必要になるのが志望校に合格したいという熱い思いだったり、弛むことなく勉強するためのモチベーションの維持だったように思います。たぶん僕がそのような段階に直面していることも分かって、自分が将来やりたいことから逆算しての受験勉強の大切さを説いてくださったのだと思います。

親にはすべて事後報告で、それも東進ハイスクールに行っているのに武田塾に入りたいと言い出したのですから、「なんだい？　どうして？　何のために？」と親も思ったはずです。それも、どちらも安くはないのです。事実、「なんで？」と何度も聞かれました。

それこそ東進ハイスクールをスパッと辞め、武田塾にしたいという話ならば親も理解できたかもしれないのですが、受験まで残り1年ちょっとしかなく、あまり環境も変えたくなくて、自習のための東進ハイスクールのブース利用をやめたくなかったのです。

――東進のブースで自習、武田塾は入学試験場と思っていた

親は疑問に思いつつも、全部任せてくれました。東進ハイスクールの講座を最小限に絞って授業料も最小限にするからと説明して、引き続き東進ハイスクールに籍を残しながらも武田塾に入塾することを了解してくれたのです。

もちろん東進ハイスクールには、武田塾に入塾したことはナイショです。本当は数科目を受講しないとダメなのですが、過去問講座のようなものを1講座だけ残して、東進ハイスクールのブースが利用できるようにしたのです。

すでに勉強方法や進め方は、完全に武田塾にシフトしています。そして当然ですが、武田塾水戸校にも自由に使える自習室はあります。

それなのになぜ引き続き、東進ハイスクールを自習室代わりに使ったのか疑問に思われることでしょう。実は、事前に武田塾のやり方を熟知していたので、僕なりの勉強法を考えたのです。

武田塾の1週間は、まず1週間分の宿題を出されて、自学自習によって定められた範囲をやってくることから始まります。そして1週間後に確認テストをやって学習の定着具合の確認と特訓です。

この確認テストでは、8割以上の正答率でないと先へと進めません。8割以下ならばまた1週間、同じ範囲をやることになります。だから確認テストで合格点を取り続けることイコール志望校合格ですから真剣にならざるを得ません。

だから僕にとっては武田塾に行く日は、1週間ごととはいえ常に最後の試験場だったのです。そんな大げさなと言われそうですが、東進ハイスクールには気楽に通っていても、武田塾に行く日はいつも、気が重くなりました。武田塾にはあまり顔を出したくないなと思うぐらい、自分を追い込んでいたのです。

まさに武田塾は、僕にとっては真剣勝負の決戦場みたいなものだったのです。東進ハイスクールは息抜きの場、武田塾は一切油断できない緊張感の張りつめたテスト会場です。川崎一先生や教務の廣木先生に会うと、僕の状況もつぶさに報告を受けているようで、的確なアドバイスや励ましの言葉をもらえました。

一方の高校1年生のときから通っていた東進ハイスクールでは、僕の成績が上がろうと下がろうと、誰も気に留めていなかったようですから、それこそ緊張感とは無縁だったのです。見られている、知られているということもまた、手抜きできないなと思わせるには充分な効果がありました。

――武田塾林塾長の失敗のお陰で勉強が軌道に乗りました

武田塾に入塾するということは、本来は自分自身でやるべき自学自習の管理を第三者に依頼することだと思います。指示されて管理されて監督されて、さらにはテスト結果などを数値化して突き付けられるわけです。

それまでは自分自身に言い訳して甘えていたのですが、武田塾という第三者の目で客観的に見られているのです。「もう言い訳はできないぞ」と自分に言い聞かせていました。

だから武田塾の校舎は、僕にとっては真剣勝負の場所であり、大学入試に臨むための試験会場そのものだったのです。

特に入塾したころは大変でした。「えっ、なんで？」「こんなにキツイなんて聞いていないよ」「ここまでやれっていうの」って感じです。

それまでも『武田塾チャンネル』や武田塾のホームページを見て勉強してきていたので、英単語などについては自信がありました。ところが『システム英単語』のランクが上がるときになると、知らない単語ばかりです。

「えーっ、これを１日で１００個覚えて、それも４日連続で１００個ずつ覚えて、残り２日で復習を繰り返して、１週間後の確認テストでは最低でも８割以上取らなきゃいけないのか」とゾッとしました。

そうなると、たとえ勉強する場所が東進ハイスクールのブースであろうと高校の授業中であろうと、時間も場所もかまっていられなくなります。だって１週間後には、僕の主戦場である武田塾の確認テストに挑まなければならないのです。それこそここまで来ると恥も外聞もなく、ひたすらやり続けるしかなかったのです。

それでも今はハッキリと断言できます。お金を払ってでも厳しい環境に身をさらしたからこそ、頭打ちだった成績が、再び上がったのだと思います。テストして、勉強の結果を数値化してサボれなくしてしまう武田塾のやり方は、冷たいようだけど志望校合格のためには欠かせない方法です。

武田塾塾長の林先生の逸話が僕の心に残っていました。実は、林先生も高校時代に東進ハイスクールに通っておられたそうです。ところが高校時代の3年間どころか浪人しての合計4年間も通ったのに成績が上がらず、1浪のあとに辛うじて学習院大学に入ったという結果だったそうです。そのことが「授業では成績は上がらない」「参考書を使った自学自習に勝る勉強法はない」と武田塾を作る契機になったそうです。

この話を聞いたとき、「これって今の僕と同じだよ」「このままじゃマズイ」と勉強法を切り替えたのです。昔の林先生とまったく同じようなことをしていた僕にとって、林先生の失敗から学んだ武田塾方式は、最善の勉強法だったと思います。

──自分のことを自分以上に分かってくれる人たちがいる

東進ハイスクールは、行って自習するだけですから気楽なものです。武田塾は入学試験の会場と同じく主戦場ですから気が重くなります。それでも志望校合格のためには行くしかない。毎週毎週辛い気持ちでした。

武田塾に入塾したからには「眠いから明日やろう」とか「今日はもういいや」というわけにはいきません。毎日の課題が定められていて、さらに1週間後の確認テストで合格点を取らないと先へ進めないのです。

その結果、成績は間違いなく伸びました。特に顕著だったのは英語です。

もともと英語は得意だったのですが、フィーリングだけで解いていることもありました。しかしレベルが上がってくると、フィーリングだけでは通用しません。単語力も劣っていました。

武田塾に入って最初のうちは、英語については一番簡単な文法とか単語とかをやらされました。成績の伸びが頭打ちになって焦っている時期でもあったので、「今さら何だよ」「そんなことやっている場合かよ」と納得いかなかったのですが、だいぶあとになって

「あのときやっておいてよかった」と思うようになりました。

英語については、結果が出るまでに意外と時間がかかりました。10月に入塾してからすぐに、繰り返し英単語と文法などの基礎を叩きこむ作業に入ったのですが、結果が出たのは年が明けてからの模試でした。そのころになると英語に関しては「もう文句なんてないよな」というくらい盤石な成績を取れるようになりました。

ここまでくれば自信もつきます。ちょっとストイックになるまで自分を追い込んで始めた勉強と、データに基づく武田塾の指導法がシンクロし始めているように思いました。

武田塾を試験会場に見立てて自分を追い込んでいるのですから、確認テストや特訓以外のときには行きません。それでも担当講師の津田先生はもちろんのこと、教務の廣木先生や前出の武田塾水戸校のオーナーでもある川崎先生は、僕のことをすべてお見通しだったようです。

定期的に「どうだ、やっているか」「何か問題はないか」と声を掛けてくれて、無料受験相談のときと同様に僕のモチベーションアップにつながる話をしてくれます。

僕の確認テストの結果もよく見ていてくれて、ときには「ここが弱いんじゃないの」とか、「いい線行っていると思うよ。このまま頑張れよ」などと指示してくれます。大概の場合、ちょっと見栄も張りたいものだから「頑張ってまーす」と答えているのですが、廣木先生や川崎先生にはすべて見透かされていたように思います。

担当講師の津田先生に至っては、僕は高校の定期テストなども手抜きしたくなかったものですから相談に乗ってもらって、特訓の日にちを変えてもらったり、宿題の量についても微調整してもらうなど、さまざまな無理を聞いてもらいました。

何度も強調していますが、試験会場に見立てた武田塾は緊張する場所でもあったし、悲壮感を漂わせて確認テストに臨んでいたように思いますが、そんな僕のことを理解して見守ってくれている人が何人もいることが、後押ししてくれていたように思います。

――センター試験の直後、「やったー!」と合格を確信した

センター試験利用で青山学院大学、立教大学、立命館大学、さらには成城大学や成蹊大学にも受かりました。

ご存じだと思いますが、センター試験は当日に答が発表されます。自己採点をしてみて、

「これは受かっているかもしれないな」「きっと受かっているな」「間違いない。受かっている、受かっている」と大喜びです。マークミスがない限り受かっているはずだと確信したのです。もうこれで浪人はありません。

しかしその後に受けた、ちょっと無理そうだと思っていた明治大学の全学部入試ですが、商学部に加えて高嶺（たかね）の花だと思っていた政治経済学部にも合格しました。

明治大学にはちょっとした因縁があります。我が家はずーっと、明治大学に振られ続けてきたのです。

その最初が父の大学受験です。父は明治大学を受験したものの不合格だったそうです。そして次が弟です。弟も中学受験のときに明治大学付属中野中学校を目指したのですが落ちてしまいました。

そして僕も高校受験で明治大学付属中野高校を目指したのですが不合格です。なんと親子3人とも明治大学には袖にされ続けていました。さらに今回の僕の明治大学受験ですが、よりにもよって試験会場に指定されたのが中野キャンパスだったのです。

中野駅で降りたら、3年前の高校受験のときと同じ風景が広がっています。「うわー、縁起悪っ！」と悲惨だった3年前を思い出しました。試験会場となる明治大学のキャンパスは4か所もあるのに、よりによって中野キャンパス。口には出さなくても、両親も「あーあ」と思っていたと思います。

その明治大学に受かったのです。それも政治経済学部に全学部入試で合格です。

ここまで来れたのは高校2年生の秋、成績が伸び悩んで武田塾に飛び込んだことが契機になったと思います。特に僕みたいに自分に甘えちゃう場合は、どこかで自分を追い込まないとズルズルと後退してしまいます。

僕には東進ハイスクールより武田塾が合っていたのですが、どこの塾へ行こうとどんなやり方を選ぼうと、最後は自分自身です。だから僕の場合はお金を払ってでも勉強の管理をしてくれる武田塾を選びました。

さらにその効果を高めるために、武田塾での確認テストや特訓は本番の試験と変わらないのだと自分に言い聞かせ、自習のための東進ハイスクールのブースと武田塾の特訓コーナーを使い分けたのです。

受験生一人一人、志望校も違えば実力も違います。それぞれに合った勉強法があるのでしょうが、僕には自分を追い込んで、背水の陣で臨むしか選択肢がなかったと思っています。

僕はすでに大学生です。それも明治大学政治経済学部の学生です。一足先に大学受験という漆黒の闇の中から現役で抜け出して、大学生活を満喫しています。

そしてこのあと、無料受験相談のときに川崎先生から聞いた、将来のさまざまな可能性に挑戦しようと思っています。

志望校合格がゴールでなく、さらにその先に光り輝くゴールがあるのですものね。

担当教務より

教務担当：廣木夏菜子

志望校選択へのアドバイス

MARCH以上を目指して文系3教科をしっかりと固めることが課題でした。充分本人も自覚していたのですが、MARCH以上は語彙力が必要なので、電子辞書を常に身近に置いて勉強するように助言しました。

生徒の性格、勉強法の問題点

やるべきことはやるという思いが強い生徒でした。毎回の確認テストに真剣に取り組み、担当講師や川崎オーナーに、勉強のことだけでなく大学やその後のことについても質問している姿が印象的でした。自分自身のモチベーションを高めるための努力も欠かさない姿勢には感心します。

受験勉強指導の重点ポイント

高校2年生の秋という比較的早い時期に入塾してくれたので、基本からルートを進めることが出来ました。ほぼ順調に、目標とする志望校へのルートに達することができていました。

途中経過と指導法の改善点

英語に関しては、最初はフィーリングで解いてしまうところがありましたが、武田塾の勉強法が馴染むにつれ、根拠をもって確実な選択肢を選ぶことができるようになりました。

生徒の変化と指導上の留意点

最初の段階で確認テストに落ちて、悔しいから勉強するというモチベーションが生まれてからは、勉強の精度が上がりました。実際に確認テストの点数も9割以上での合格が多くなりました。学校の定期テストでも高得点を安定して取れるようになったことにより、勉強にさらに前向きに取り組むようになっていきました。

受験直前期対策と合格のための選択

あれこれと手を出すのではなく、単語暗記の最終確認など基礎の徹底に努めました。それと並行して過去問を解き、志望校の問題傾向の解き方に慣れるような対策をしました。

これからの大学生活に期待すること

合格したことで満足するのではなく、大学でさまざまな体験をして、視野を広げていってもらえればと思います。外に目を向けアンテナを立てながら、世の中の情報に興味を持って、それらを日々の勉強に活かしていってください。

合格体験記 8

慶大生のサイバー特訓でモチベーションがマックスに

一卵性親子が二人三脚で挑んだE判定からの逆転合格

中村真緒（なかむらまお）
現役合格

武田塾浜松校　コース：個別管理特訓L（英語、国語〔受験直前に日本史に変更〕）

合格した大学

青山学院大学国際政治経済学部国際経済学科／青山学院大学経済学部／学習院大学経済学部／明治学院大学経済学部（太字が進学先）

略歴

私立西遠女子学園卒（偏差値54）

私が卒業した西遠女子学園は中高一貫校で、創立100年超えの伝統校です。校則もとても厳しいことで知られています。スカートの長さも定期的にチェックされ、靴下やローファーや上靴も全部指定で、登校時には革の制鞄です。腕を骨折していても申請して許可をもらわない限り、リュックも使わせてもらえません。くせ毛もパーマでないことを知ってもらうために、最初に申請書を出す決まりになっています。校則は学校の中だけでなく、日常生活も拘束します。休日に遊びにいこうとお化粧をして、もしバッタリと先生に会うものなら翌日は呼び出しと反省文の提出です。

そのような学園で中学から高校までの6年間を過ごしたのですが、中学に入学した直後はバトントワリングをやっていました。でもそれは1年で辞めてしまって、中学2年生から高校2年生までは茶道部です。その茶道部では、最後には副部長も務めさせてもらいました。

それ以外では、高校1年生からは体育大会の実行委員になって、2年生から3年生にかけては実行委員長をやっていました。その体育大会が6月に終わって、もう自分の任務は何もなくなったときに武田塾で本格的な受験勉強を始めたのです。

志望大学と受験科目

志望校を選んだ理由

ＭＡＲＣＨの中で受けたのは、青山学院大学と立教大学だけです。高校1年生のときに青山学院大学を見にいったのですが、お洒落な人も可愛い人もかっこいい人も多いのでひと目で気に入ってしまいました。ちゃんとした服を着て、お化粧しないと青山学院大学の最寄り駅、表参道駅には行けません。そういう大学だから行きたかったのだと思います。志望大学を決めるときも進路がどうのこうのより、「青学に行ってみるかな」といったミーハーなのりだったのです。

受験科目について

国語、英語、日本史

進学した学部の国語の試験は現代文だけだったのですが、経済学部の方は古文も必要でした。第一志望がセンター利用ですが、経済学部の方は全学部日程で受けたので、国語（現代文、古文）、英語、日本史です。

得意科目と苦手科目

得意科目：日本史

日本史はセンター試験で100点です。受験勉強の本当に最後の最後という段階で日本史に挑戦したのですが、結構やり込んだと思います。もともと好きな教科で、高校の日本史の担当の先生も好きで授業も好きだったし、参考書の『日本史B一問一答（ナガセ）』も好きでした。だから好きから入って自分なりに裏事情を検索したりして、細かい知識も入れていたから得意科目になったと思います。

苦手科目：国語

漢字も得意じゃないし、語彙力もないし、文章を書くのも苦手だし、作文とかも本当に大嫌いで、本もあまり読まなかったから出来るわけがありません。読むのも遅くて、自分の中に落とし込むのも時間がかかります。たぶん私は活字の人じゃなくて、もともと数学が好きで高校1年生のころは理系に行こうと考えていたぐらいですから、ともかく国語は無理なのです。

武田塾と受験勉強

武田塾との出会いと入塾したわけ

実行委員長を務めた体育祭がもうすぐ終わるという5月の下旬に無料受験相談を受けま

した。

大手の予備校に行くか、それともこのまま自学自習を続けるか、あるいは家庭教師を頼もうかと悩んでいたときに母が、「こんな動画があるよ」とユーチューブの『武田塾チャンネル』を教えてくれたのです。たぶんそれ以前にも観たことがあるようにも思いますが、母に勧められてもう一度観たって感じです。

無料受験相談では、当時の志望校だった慶應義塾大学合格までのルートを示してもらい、いつまでに何をやるべきかといったことや確認テストの話、そして4日進んで2日復習するという勉強法などを聞かされて、「へー！　すごく徹底されているんだー」と感心した記憶があります。

ここならば自分のペースで勉強出来るし、さらに志望校合格のための徹底した管理もあるので、自分のペースでやりつつも安心して勉強に集中出来ると思いました。

武田塾での日々と受験勉強

武田塾に入塾する前との一番の違いは、いつまでにどこまでやるかがハッキリと示されるので、決められた日までに終わらせるという習慣が付いたことです。その結果、着実に成績が上がっていきました。

特に英語に関しては、それまでもマーク模試で8割くらいは取れていたのですが、その状態のまま伸び悩んでいました。無料受験相談のときにも「もう一度基礎から固めないとダメだよ」と言われたのですが、「エー、またやるの?」と思いつつも頑張ってみたら9割まで伸びました。伸びしろがあまり残っていない中での成績アップですから感激ものです。

他にも勉強法についての迷いがなくなり、これをやればいい、あとは自分が頑張るかどうかだと勉強に集中することが出来ました。当初の第一志望は慶應義塾大学だったのですが、慶應義塾大学へ向けてのルートに基づいた勉強をしたからこそ青山学院大学国際政治経済学部に現役で入れたと思っています。

私の日常生活と勉強

部活の茶道部は週に一度程度です。かえって体育祭の実行委員長の方が忙しかったのですが、昼休みに集合をかけて、放課後は自分の勉強に充てるようにしていました。

勉強場所は、主に自宅です。武田塾の自習室も使っていましたが、夏休みなどは移動も着替えも面倒だし、寝癖を直している時間ももったいないので、パジャマのままで勉強です。「ご飯よ」と呼ばれたら階段を下りて、ご飯を食べたらすぐに上に行って、部屋から出るのはトイレとお風呂だけの生活です。あとはずーっと机に向かい、息抜きにお母さんと雑談する程度でした。

授業のあるときの隙間時間には単語などの暗記物をやって、授業中は内職です。帰宅してからは日付が変わるくらいまで勉強していました。

私のお薦め参考書、ベスト3

①システム英単語（駿台文庫）

派生語が見やすくミニマルフレーズも良いです。早慶レベルでも対応出来る単語量もありました。慶應義塾大学商学部の試験に「動詞の単語を名詞にしなさい」とか「名詞を動詞にしなさい」という問題があって名詞も覚えないといけなかったのですが、すごく見やすく覚えやすかったです。

②現代文キーワード読解（Z会）

文章を読むうえで知っておくべき前提の知識をこの参考書で養うことが出来ました。現代文の参考書ですが「近代化」などに関しても説明があって、その知識が英語の文章を読むのにも活かされました。

③日本史B一問一答（ナガセ）

本当に最後の最後の詰め込みのときに、これで全部詰め込んだ感じです。分からないところに付箋を貼って、チェックも付けて何周もやりました。

合格体験記

――華やかな都会のJDに憧れていました――中村真緒

略歴にも書いたように中学、高校と私の通っていた西遠女子学園は校則の厳しい学校です。通っているときも少し厳しめの学校だとは思っていたのですが、青山学院に入学してから知り合った同級生に話すと「えーっ、そこまで厳しいの？」と驚かれます。たぶん多くの女子校が、私が行っていた西遠女子学園と変わらないとは思いますが、大学に入る前の私の日常生活を理解してもらうために、少し書いておきます。

まずは生活検査です。スカートの長さを定期的にチェックして「身長が伸びてスカートが短くなっています。スカートの丈を伸ばしなさい」といった感じです。もちろんローファーと上靴、靴下も全部指定の規格品です。持ち物も革の制鞄に入れて登校です。腕を骨折したとしても申請して許可を受けなければ、リュックの使用は認められません。パーマをかけていないと認めてもらうために、くせ毛の人は入学時に申請が必要です。

大学に入って友だちに話したときに「そりゃないわ」と驚かれるのが休日の化粧や服装です。土日などに遊ぶとき、もしバッタリと先生に会おうものなら、間違いなく翌日に呼び出されて反省文を書かされることになります。

だから卒業した瞬間にみんな爆発します。卒業したその日のうちに美容室に行って、髪を染めたりパーマをかけたりします。だからみんな卒業した日の夜には別人に変わってしまいます。「えっ、あなた○○さん?」と確認しないと信じられないほどに大変身です。

たぶん私が慶應義塾大学や青山学院大学に行きたいと思ったのも、このような中学校入学から高校卒業までの反動かもしれません。実は私は、数学や物理など理数系が得意で、進学先も理系の大学を考えていたことがあります。

でも理系って、大学に入学してからも、それこそ地味ーに勉強しなければいけないみたいだし、理系学部は忙しいというのを聞いて、それじゃキラキラしたJDライフが送れなくなってしまうと思いました。研究者になりたいわけでもなかったので就職なども考えて、文系がいいと思ったのです。

――武田塾に入塾して本格的な勉強を始めるまで

中学1年生のときはバトントワリングをやっていました。2年生になったときに辞めて、茶道部に入りました。茶道部って週に1回程度で高校2年生まで続け、最後は副部長です。それ以外に高校1年生と2年生の2年間は体育大会の実行委員になって、2年生から3年生の6月にかけては実行委員長です。

その間も個別指導塾に通っていました。でも自習を指導するだけで、たまには単語テストや文法のテストもあるのですが、お爺ちゃんがやっている本当に個人経営の塾です。「こういう参考書があるから、これを使ってみれば」と教えてくれて、お爺ちゃんが自分で質問に答えられないときはアルバイトの大学生に答えさせるような塾です。やるべき課題も明確じゃなくて、期限も決まっていません。私も気休めに、ただ通っているだけの塾でした。

そのころの私ですが、家から学校までバスで15分程度なのですが、だいたい車で送り迎えしてもらっていました。塾に通うときも学校から塾まで両親が送ってくれます。武田塾に入塾したあとも、夜遅くなると車で迎えにきてくれました。

本格的に受験勉強を始めたのは6月の体育祭が終わってからですが、高校2年生の冬、1月にセンター試験の同日模試が行われるころには、大学受験のための勉強をしなければという自覚が芽生えてきました。でもそのころは体育祭の実行委員長という大役を与えられていたので、何とか両立させながら体育祭を成功させることに重点を置いていた感じです。

体育祭の準備は大変なのですが、準備さえ整えばあとは本番を待つだけです。もうすぐ体育祭かーと思ったとき、そのあとの受験勉強をどうするのかということが気になり始めます。

今まで通っていたお爺ちゃん先生の個別指導塾はアットホームでいいのですが、大学受験に対応できないのは言うまでもありません。改めて塾や予備校を探し始めたときに、「こんな動画があるよ」と母が、武田塾のユーチューブ動画を教えてくれたのです。

─一卵性親子の受験準備は塾探しから

本当にいつものことなのですが、私の母のリサーチ力には驚かされ続けています。武田塾への入塾のきっかけになった『武田塾チャンネル』という動画を見つけて私に勧めたのも母でした。

母が私のやりたいと言ったことに反対した記憶がありません。「自分がやりたいようにしなさい」「これがいいと思うならやりなさい」と言い続けてくれています。いつも「こういうやり方もあるし」「こういう人もいるよ」と、いろいろと選択肢を与えてくれます。だから私もすべて話して、相談に乗ってもらいます。私にとっては母と話をするのが息抜きでもあり、あれこれと思い悩んでいることを話しておけば、必ず答を探してきてくれるのです。

だから武田塾のユーチューブ動画を見つけて私に教えてくれたのも、私の得意なことや苦手なこと、私の性格までも見抜いたうえでの話だったように思います。

実際に武田塾の無料受験相談に出向いたときに感じたのは、私が想像していた以上の驚きでした。「参考書だけで、どのように勉強するのですか?」と尋ねたら、私の志望校に合わせて早慶合格のためのルートが示されました。「これを○週間で終わらせて」「第○週にはここからここまで終わらせて」と話が具体的なのです。そのために毎週行う「確認テスト」では合格点を取り続けなければならないのです。

志望校ごとに使う参考書も違えば、学習のテンポも違うのです。さらに4日進めて2日復習に充てる勉強法だとか、課題によっては毎日復習を完成させる勉強法などの説明も受けました。

そのときは「へー……、そうなんだ……」と感心するばかりでしたが、それでもここなら無駄のない勉強が出来そうだと感じたのです。

学校や塾へは車で送り迎えしてもらったり、どの塾がいいかを探してもらったり、さらには学校の授業もあって武田塾へも行く日は、母が毎日違う中身で、お弁当を2個持たせてくれたりしました。母の手作り弁当を「ああ、美味しい」と食べることが最大の息抜きだったのです。

これだけ読んだ人は「どれだけ、過保護なんだー！」と思うかもしれません。確かにちょっと田舎の箱入り娘って感じだったのかもしれませんが、だからこそ日に日に慶應義塾大学や青山学院大学に行きたいと思って、それが受験勉強をする上でのモチベーションにつながったと思います。

――入塾直後の私、これでも結構頑張り屋さんです

武田塾に入塾したときはまだ体育祭が終わっていません。そして私は体育祭の実行委員長です。体育祭の実行委員の仕事って結構多いのです。毎年実行委員は放課後も残って準備作業に追われます。

まずは先生に「毎年放課後に残ってやっているんですけど、変更していいですか」と申し出たのです。「いいよ」と返事をもらって、今度は実行委員のみんなに提案です。「放課後は遊びたいよね？」「放課後に残ってやるよりも、昼休みに出来るだけ終わらせた方が良くない？」と聞いて、「そうだよね」と言ってもらって、絶対昼休みに終わらせるぞと

決めたのです。

それでも昼休みに終わらなかった作業は、「今どんな感じ？　じゃーこれやっておいてよね」「あなたはこれをやってくれる？」と指示して帰宅して勉強したり、武田塾へと向かったりします。所属している茶道部の活動は週に1度なので、ほぼやっていないようなものでしたから、体育祭の実行委員長の仕事を放課後までに終わらせることが出来れば、部活と勉強の両立の問題はほぼ解消です。

このように武田塾に入塾した直後も含めて、それまでもいろいろと工夫しては勉強時間を確保していました。だから体育祭の実行委員長や部活を辞めて、本格的に受験勉強に取り組む前も、先に書いたお爺ちゃん先生の個別指導塾での勉強もあって、『英文法・語法Vintage（いいずな書店）』も一応終わらせていたのです。だからマーク模試の英語は8割を取れていたのですが、その段階で頭打ち状態になっていました。

私の通っていた西遠女子学園は、本当にお嬢さん学校だったと思います。先に書いたように校則は厳しいのですが、一方でのんびりした雰囲気もあって、大学への進学率は高いものの、ほとんどが推薦入学です。私のように第一志望を慶應義塾大学に定め、それが無理でも青山学院大学には絶対入りたいと思うのならば、学校の雰囲気に溶け込んでいるわけにもいかないのです。

これまでも頑張っていたのですが、武田塾の無料受験相談のときに「マーク模試の英語は、8割くらいは取れるのですが、そこからなかなか伸びません」と話しました。「それじゃ、基礎からもう一度やり直した方がいいね」と言われて、正直なところ「えー! またやるの?」って感じでした。

それでも改めて基礎を固めた結果、基礎の勉強しかやっていないのに2か月後のマーク模試で9割台の正解率にまで伸びました。

そのころに言われた「基礎の完成度が7割だと、次にやる参考書の完成度は基礎の7割の、さらに7割程度にとどまる。でも基礎を9割固めた人が次の参考書に取り組むと9割は達成できる」「基礎が7割程度だと、次はその7割で、そのまた次はその7割となるから、すぐに行き詰まってしまう」という話が、基礎を固めることの大切さを教えてくれたのです。

――入塾、そしてサイバー特訓でやる気全開

武田塾だと「いつまでに」「どの参考書のどの部分まで」が明確に示されます。さらに「このようにして」といった勉強の仕方についてまで教えてもらえるのです。

それまでは「長文読解って、この参考書でいいのかな?」だとか、「英単語帳ってありすぎて、どれを選べばいいの?」と迷って、ひたすら検索してみたり、友だちに聞いたりしていました。ようやく参考書を選んでも、「何だか分かりづらいなー」「こんなやり方でいいの?」と不安になることも多かったのです。

武田塾に入ったあとは、そのような悩みがなくなりました。だから勉強に集中できるし、参考書を終わらせる期限が守れるようになったのです。毎日やるべきことがハッキリしていますから、目の前の課題に集中すればいいのです。あとは1週間後の確認テストで、合格点の8割以上を取り続ければ、一歩一歩志望校の合格へと近づけます。だったら毎週の確認テストで満点を目指せばいいだけです。

でも勉強って、課題も明確でやり方や期限がハッキリしていても、そう簡単には進みません。最初に基礎固めのために取り組んだ英単語も、ちょっとサボると9割を切ってしま

います。似たような単語も多いので、最後の方になると「あれー？　どっちだっけ」と分からなくなるのです。

そんなとき、私は単語帳に付箋を貼るようにしました。似ている2つの単語を付箋に書き、それぞれの単語のところに別の単語の付箋を貼るのです。何回テストを受けてもなかなか覚えられない単語はピンクの付箋、もう一方の単語は黄色い付箋にしていました。似ていて毎回区別がつかなくなるとか、意味も似ているけど若干違うなどという単語については、テスト直前にもう一度見直すようにしたのです。

そして武田塾の特訓ですが、私の第一志望が慶應義塾大学だったので、武田塾の本部とサイバーでつないで、現役の慶應義塾大学生に指導してもらいました。それが小山先生だったのですが、慶應義塾大学での学生生活について聞くことによってモチベーションがマックスにまで達しました。

それ以前に慶應義塾大学のオープンキャンパスには行ったのですが、浜松には慶應義塾大学の人なんていないので接点がありません。小山先生と話すのも確認テストのあとの特訓の指導が主なのですが、スマートで優しい現役の慶大生と話しているというだけでテンションが上がります。

結果的には第一志望の慶應義塾大学に合格出来なかったのですが、小山先生の指導を受けることによって、頑張らなければという気持ちが持続したのだと思います。慶應義塾大学を目指して頑張らない限り、青山学院大学の国際政治経済学部に現役合格は出来なかったと実感しています。

――パジャマのまま頑張り続けた夏休み

夏休みや受験直前期ももちろんですが、高校の授業のあるときも主な勉強場所は自宅です。特に夏休みや学校が休日の日曜祝日などは、家から一歩も出ないことの方が多かったのです。

それというのも、いざ受験勉強に集中しようと考えると、移動も着替えるのも面倒になるからです。朝起きて、歯を磨いて、取りあえず髪の毛をピンで留めて、寝癖も何も気にせずに、顔がむくんでいようが、くまが出来ていようが気にせずに勉強です。

ときどき息抜きにお母さんと話すこともありますが、パジャマのままで何も気にせず机に向かい、「ご飯だよ」と言われたら階段を下りて、ご飯を食べたらまたすぐに上に行って、部屋から出るのはトイレとお風呂だけです。これが塾に行くとなると着替えもあるし、ちょっと前髪を直してとかやっていると、あっという間に1時間以上かかってしまいます。

本来はマイペースな性格で、朝はすごく苦手でした。起きられないし、学校へ行く準備ももたもたして1時間以上かかっていたのです。それなのに朝起きたらすぐに勉強を始めるなんて、「まるで人が違っていたよ」と母や妹にも言われています。

それだけ頑張ったともいえるのですが、夏休みがスランプでした。家から一歩も出ないこともあって、「これじゃダメだ」と気持ちが落ち込んだり、勉強が手につかないことも多かったのです。

もともとダラダラと過ごす性格です。それでも授業のあるときなどはタイムテーブルに制約があります。その中で、昼休みに勉強しようとか、放課後は何時に迎えが来るから塾に行ったら何時からは勉強しようといった区切りを付けて勉強していました。

夏休みにはそれが何もなくなって、自分で起きる時間を決めて、自分で勉強する時間を決めて、何時から何時までこれをやってと、すべて自分で決めないといけないのです。

それが上手く出来なかったこともあって、10時間以上は勉強しようと思っていたのに出来なかったとか、「ああ、勉強が出来てない」と自分を責めることも多かったのです。もともとマイナス思考で、本格的に勉強を始めた時期も遅かったと思っているので、それを取り戻すだけの時間の勉強をやっていない自分を「ダメだ」「ダメだ」と責めていました。

それでも何とか勉強を続けることが出来たのは、ネットで同じような経験をした人の体験談を見たからです。スランプから脱出する方法やちょっとしたアドバイスを次から次へと見ていたのです。

そこには「意気込み過ぎない」だとか、「出来ない自分を受け入れる」といったことが書かれていました。そのような言葉に慰められたということもあるのですが、同時にこれだけ多くの受験生が悩んでいると思ったことで、頑張ろうという気にもなりました。

でも今になって気づいたことは、家に籠もり過ぎて運動しな過ぎたということです。あれだけ歩かない日が続くと、誰だって気が滅入ってしまいます。

――受験直前は緊張しな過ぎだったかもしれない

本格的に受験勉強を始めた最初のころはとにかく英語だと思って、英語、英語、英語と英語中心の勉強です。6月から8月にかけてはヤバイ、ヤバイ、ヤバイ、ヤバイと少し焦り気味で勉強していたように思います。他の科目については、得意な日本史はあとからやればいいと思っていたこともあって、一番苦手な国語の勉強にも励んでいました。

でも国語は、頑張って勉強したからといって、やった分に比例して伸びる教科ではありません。入学試験が近付くころになり、もうこれ以上は無理かなと思った段階で日本史の勉強に重点を移しました。実は日本史をあまりやっていなかったので、夏ぐらいから日本史の偏差値が下がり始めていたのです。このままじゃヤバイということになって国語の勉強を切り上げて日本史に切り替えたのです。

特に文化史は最後まで残していたので苦労しました。最後は暗記に頼るしかなく、作品名や作者名などを書き込んだ表をお風呂場に貼ってシャワーで体を洗いながら覚えたり、トイレや洗面台にも同じように貼って、歯を磨いたりドライヤーをしたりしながら見ていました。

本格的に受験勉強を始めた6月から夏休み明けにかけては、どちらかというとヤバイ、ヤバイと焦りながらの勉強でした。

ところが入試が近付いてくると、新しい知識を覚えるというよりは完成度を高めるための復習が主になってきます。だから一転して、あれもやらなきゃ、これもやらなきゃという思いが薄れて、やったことを忘れないための確認作業になっていきました。

そうなると、自分でも大丈夫かなと思うぐらい緊張が薄れていくのです。いつの間にか、ついこの前まで焦っていた自分のことさえ忘れてしまいました。

だから試験当日も、全然緊張がありません。「もうちょっと緊張しないとヤバイんじゃない」と自分で思うくらいです。「ついに試験日が来ちゃったね」「この用紙一枚で私の人生が決まるのかー」「あと60分で全部終わってしまうのかー」って感じです。緊張するほどやった証拠、ということも聞いたことがあるので、こんなに緊張しないってことは逆にヤバイのかなと思うくらいです。

――入学して、ジャングルに放たれた気分です

第一志望の慶應義塾大学はダメだったのですが、その次に狙っていた青山学院大学の国

際政治経済学部国際経済学科は合格です。私はもちろんのこと、両親の喜びようは半端ないって感じです。そして青山学院大学での学生生活ですが、すべてが新鮮で驚きに満ちています。

中学、高校と通った西遠女子学園はのんびりしたお嬢様学校です。みんな指定校推薦で大学に行くような高校で、そんなに勉強、勉強っていう感じでもなかったのです。だから今年は慶應義塾大学や早稲田大学に合格した人は一人もいませんでした。

そのような高校から東京のど真ん中、それもお洒落で最先端の渋谷近くの青山学院大学に入ったのです。さらに中学と高校が女子校ですから男女共学なんて小学校以来で記憶にもありません。それと中高一貫校って、10代のうちの6年もの間、友だちも全然変わらないのです。だから新鮮どころか、未開のジャングルに一人放たれた気分です。私、どうやって生きていけばいいのって感じです。

せっかく青山学院大学に進学したのですから、大学生活の4年の間に自分のやりたいことを見つけたいと思っています。やりたいことを見つけるために、そしてやりたい職業に就くために、この大学に入ったのだと思います。ちょっとカッコ付けて言うと、たぶんその過程を通じて自分自身を知ることが出来るでしょう。

でももう一つ切実な願いがあります。垢抜けたいのです。在学中には、自分磨きも必要だと思っています。周りは首都圏出身の人たちばかりで単身で上京してきている人などほとんどいません。そのような同級生のみんなが、お洒落でカッコいいのです。

大学に行く目的の一つが出会いだと思います。青山学院大学に入って、本当に刺激的な友だちが多いことに感動しています。だから私は自分でも、静岡の奥の方から出てきた田舎者だと思ってしまいます。早く垢抜けて、もっと大人っぽい女性になって、いろいろなことを経験したいのです。

最後に、これから受験されるみなさんに一言。

辛いけど、長いけど、勉強の苦しみは一瞬で、でもしなかったときの後悔は一生続きます。今出来る最大限のことをやってほしいなと思っています。

担当教務より

教務担当：松下一彦

志望校選択へのアドバイス

第一志望は慶應義塾大学でした。当時通塾していた別の塾からの転塾です。マーク模試では英語は8割を取れていましたが、まだ基礎が固まっていなかったので、日大レベルで単語・熟語・文法を固めました。基本的なことを間違えないということに徹底して取り組んでくれました。

生徒の性格、勉強法の問題点

とても真面目に取り組んでいました。学校との両立に悩んでいました。武田塾の宿題を優先してほしいとは思いましたが、学校との関係も大事にしないといけなかったので、どう両立させていくかが悩みどころでした。

受験勉強指導の重点ポイント

基本を固めたあとに、入れた知識をどう使っていくかがポイントでした。学校と塾を両立させることで時間がない中、どう効率よく取り組むかについて、常に悩んでいました。

途中経過と指導法の改善点

途中で国語を現代文のみで受験すると決めたことで、受講科目を英語・日本史に変更しました。当初の段階では、国語は古文を含めて勉強していたので時間を取られ、得意な日本史に穴ができたのも変更した理由です。

生徒の変化と指導上の留意点

受験に対して不安を感じていた時期もあったと思いますが、武田塾の4日2日で取り組む勉強法をずっと実践したことは良かったです。なぜこの問題集をやるのかを納得してもらうことが大切だったと思います。

受験直前期対策と合格のための選択

受験学部にかなり迷いがありましたが、決めたあとには本人のそのときの状況を把握して、得点するために特化した計画を立てました。

これからの大学生活に期待すること

目標をもって取り組むことを糧としていたと思うので、大学生活でも常に目標を立てて取り組んでもらいたいです。もちろん勉強面でも私生活でも充実して今後の人生の礎となる学生生活を送ってくれればと思います。

合格体験記
9

無料受験相談を受けても入塾せずに独学して、結局は挫折

奮起、焦燥、暴走、撃沈のループから新田校舎長が救ってくれた

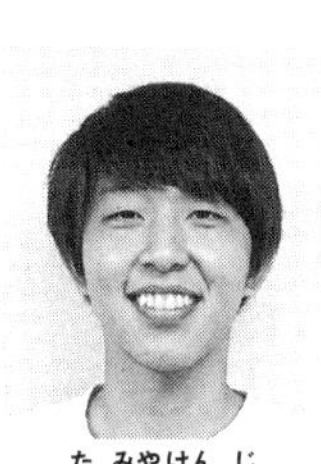

田宮健二（たみやけんじ）
現役合格

武田塾枚方校　コース：個別管理特訓L（英語、国語）

合格した大学

立命館大学政策科学部／龍谷大学経営学部（太字が進学先）

略歴

大阪市立高等学校普通科卒（偏差値58）

出身校の大阪市立高等学校（普通科）は、結構校則は厳しめの学校です。サッカー部に所属してミッドフィルダーをやっていたのですが、それほど弱くもないし強くもないよう

なごく普通のレベルでした。

高校時代の一番の思い出は、国際ボランティアに参加してフィリピンのスラム地域で配給の仕事を手伝ったことです。すごいカルチャーショックを受けたのですが、フィリピンのスラム地域の人はかわいそうというよりも、みんな明るく生き生きとしていて、こういう生き方もあるんだと、ちょっと羨ましい部分もありました。

受験勉強を始めた時期は、高校2年生の1月からですが、そこから受験勉強を始めると決めていました。だから当初の予定どおり、高校2年生の1月から受験勉強を始めて、同じく高校2年生の終わりにはサッカー部も卒部しました。

志望大学と受験科目

志望校を選んだ理由

立命館大学政策科学部のある大阪いばらきキャンパスは、2015年に開設されたばかりの新しくてきれいなキャンパスです。バスに乗れば家からも45分で行けるので、立命館大学の各学部の中でも、僕にとっては最適な学部でした。

受験科目について

英語、国語（現代文、古文）、日本史

得意科目と苦手科目

得意科目：英語、日本史

頑張って覚えさえすれば、確実に点数が取れる科目だからです。

苦手科目：国語

覚えてもなかなか点数に結び付きません。やむなくひたすら問題を解き続けたのですが、少しは良くなったものの、苦労の割には点数が伸びませんでした。

武田塾と受験勉強

武田塾との出会いと入塾したわけ

入塾したのは高校3年生の夏休みも終わった9月になってからですが、以前からインターネットで『逆転合格.com』を見て武田塾のルートを参考にして勉強していました。9月に入塾する数か月前、6月ごろに無料受験相談を受けたのですが、そのときに、僕が入塾する気がないと分かっていたのに、すごく丁寧に勉強方法や志望校合格に向けてのルートの説明をしてくれたことが印象に残っています。

そのときから、塾に入るのならここだと思っていたのですが、入塾したのは入学試験がどんどん迫ってきたことを意識し始めた9月になってからです。

武田塾での日々と受験勉強

入塾したときにはすでに武田塾のやり方で勉強していたので、勉強法については今までどおりです。それでも確認テストで9割以上を取り続ける努力の成果もあって、高校3年生になったころの進研模試での偏差値は38しかなかったのに秋の模試では68くらい、河合塾の模試では62になりました。

武田塾では校舎長はじめ講師の先生たちもすごく親切で、細かくしっかりと教えてくれるので、自分の弱点を見つけることが出来て、対策を取ることで克服出来たように思います。

私の日常生活と勉強

高校2年生の終わりのころにサッカー部を引退して、受験勉強に取り組み始めました。主な勉強場所は家です。寝る前にはユーチューブやゲームで遊ぶので、寝るのは夜中の2時ごろですが、気力の続く限り勉強していました。かえって受験直前期の方が体調管理も意識して勉強時間を減らしたくらいです。ほぼ1年という長い受験勉強期間なので定期的に、気分転換を兼ねて友だちと遊んでいました。遊ぶ場所はカラオケボックスです。

私のお薦め参考書、ベスト3

①英語長文ハイパートレーニング　レベル2　センターレベル編（桐原書店）

CDを使って速読練習をしたお陰で、センター試験の点数が90点から140点へと50点も上がりました。

②田村のやさしく語る現代文（代々木ライブラリー）

僕が苦手な国語の参考書ですが、そのような僕にとってさえ、現代文が基礎から分かりやすく解説されていて、実戦のための解法が書かれているので勉強しやすい参考書でした。

文法を覚えれば点数が取れます。ただひたすら何周もやることによって、着実に点数が上がりました。

③スクランブル英文法・語法（旺文社）

合格体験記――田宮健二

――高校入学時から受験勉強開始時期を決めていた

僕の卒業した大阪市立高校には英語科と普通科と、さらには理数科もありました。その中で僕が所属していたのは普通科です。理系も考えていたのですが、将来は経済のことを勉強したいと思って文系を選択したのです。大学受験で挑んで進学した立命館大学政策科学部は、もちろん経済についても学ぶのですが、政策について学ぶことが中心なので、経済学部とはちょっと異なります。

なぜ経済を学びたいと思っているのに本来の経済学部より政策科学部を選んだのかというと、政策科学部に通う方が経済的だからです。立命館大学の経済学部だと僕の家から通学するには片道2時間もかかります。その点、政策科学部だとバスに乗れば45分で着くのです。さらには政策科学部のあるキャンパスは僕の家から近いだけでなく、出来て3、4

年ですからすごくきれいでお洒落なのです。近いうえに環境も抜群ですから同じ立命館大学ならこちらの方がいいに決まっています。

経済の勉強って、投資やお金儲けについて考えることが中心だと思います。そこまでテーマがハッキリしているのですから、その趣旨に基づいてより合理的に、経済性を考えて志望校を選択したのです。関西の人なら当たり前だと思うのですが物事は、より合理的に、そして計画的に進めるべきだと思っています。

だから大学受験へ向けての勉強も高校2年生の1月から始めると決めていました。あまり早過ぎても長期間の勉強を続けられないし、だからといって遅くなればなるほど志望校の合格ラインに届かなくなります。

そのためにほぼ1年間頑張ると決めれば、入学試験は年が明ければすぐに実施されますから、高校2年生の1月からやらなければ1年間の勉強期間を確保できなくなります。

――予定通り元旦から受験勉強を始めました

受験勉強を始める前からインターネットで、大学受験のための勉強法やどの参考書を使えばいいのか調べていました。だから武田塾が提供している『逆転合格.com』を見て、志望校合格へ向けてのルートも頭に入っていたし、参考書の選び方や使い方についても参考にさせてもらいました。

なぜこんなに早い時期から準備をして勉強を始める時期まで決めていたのかというと、実は高校受験のときの失敗があったからです。中学時代に勉強をサボっていたこともあって、第一志望の高校に入れなかったのです。だから大学受験は、そのときのリベンジでもあるし二度と同じような失敗はしないと決めていたのです。

残り1年を全力疾走で駆け抜けると決めた受験勉強です。高校3年生になる年の1月1日から毎日10時間以上、もしかしたらそれ以上の時間、フルに勉強開始です。

もちろん当初から予備校に行くことは考えていません。予備校で授業を受けるなんて、そんな無駄な時間は使えないと思っていました。だから学校のない日は家に籠もってひたすら勉強です。友だちにも「これから俺は、一回も外へは遊びにいかんからな」と宣言して、机に張り付いていました。

それだけやったからだと思いますが、春休みが終わったころに受けた模試では偏差値が急上昇です。これなら大丈夫、このまま頑張ればいいと思っていたのですが、なぜかそこから成績が上がらなくなってしまいました。

それが1回目のスランプです。もうやるべきことがないと思うぐらい勉強していたのに、成績が伸びないのです。高校の授業が終わると急いで自宅へ帰って、それこそ毎日日付が変わるころまで頑張っているのに、まったく成績が伸びないのです。進研模試では偏差値38という有様で、「俺ってほんまにアホちゃうか?」と思うぐらいです。

——思い余って武田塾の無料受験相談に飛び込んだ

これは、もうすぐ夏休みという6月ぐらいの話です。さんざん勉強して、もうやることがなくなったと書きました。すでに主な参考書はやり終わっています。1月1日からほとんど家に閉じ籠もって、毎日日付が変わるまでやっているのですから、半年もすれば当初からやっていた参考書はほとんどやり終えています。

だから「もうやることあらへん」と思うくらいです。それなのに成績が伸びなくなっているのです。例えば英語だと、『速読英単語1 必修編（Z会）』『速読英単語2 上級編（Z

会）』も終えて、『鉄緑会東大英単語熟語 鉄壁（KADOKAWA）』もほぼ終わりかけているのに、学習の効果が出てこないのです。手を出した参考書は数知れず、やり散らかしてはどれも完璧にならず、一人で空回りを続けていました。

そうなると、これまで参考にしてきた武田塾のホームページなどで紹介されている無料受験相談を受けるしかありません。

ここまで来れば、今までの勉強法をもう一度見直すしかないと思ったのです。そのためにも参考書を使った勉強法を推奨している武田塾の無料受験相談に行って、どうすればいいか聞くしかないと思ったのです。

だからといって武田塾に入塾するつもりなんて、まったくありませんでした。勉強は自分でやるものだと思っていたし、武田塾でも参考書を使った自学自習が最強と言っているのですから、塾に通う意味が分からなかったのです。

その無料受験相談ですが、お金を払って来ているわけでもないのに、いくらなんでも親切すぎるんじゃないのと思うぐらい親切で丁寧なのです。すごく細かいところまで聞いてくれて、今まで気づかなかったことを次々と指摘してくれました。

無料受験相談で相手をしてくださったのが新田先生なのですが、そのとき改めて思ったのは、武田塾のやり方って「今までの僕のやり方と近いなあ」ということです。参考書を使った僕の今までのやり方は、武田塾の勉強法とまったく同じです。

ただし復習のやり方だとか知識を定着させる方法については、やはり武田塾の今までの経験の積み重ねがあるので、半端じゃないなと思わせるものがありました。

そのノウハウを惜しげもなく、無料受験相談で提供されたのですから、いい意味で事前の予想を裏切られてしまいました。それでも当初の予定どおり、無料受験相談で教わったことを活かしながら、再び参考書を使った自学自習に戻りました。

――やはり一人では無理があると3か月後に武田塾入塾

年明けの、それこそ1月1日から一心不乱に勉強を続けていたのです。勉強の量とかけた時間だけを見れば東京大学や京都大学を目指す人たち並みにやってきたと思っています。

それなのに「俺ってホントにアホなんかな?」と思うくらい成績が伸びなくなったのです。

それこそスランプのどん底といえるような状態が、最初は高校3年生の新学期が始まってしばらくたってから訪れました。主な参考書をやり終えたのに成績が伸びなくなったのです。「あー、なんでだろ？」「これ以上、何をやれっていうの？」って感じです。

そしてその頃、6月になって武田塾の無料受験相談を受けたのです。懇切丁寧にいろいろと教えてもらって心機一転、再び自学自習に戻りました。

繰り返し書いているように、僕のやり方はガリ勉そのものです。朝から晩まで机に向かい、ひたすら参考書と格闘しているような毎日を送っていました。ここまでやれば、どんなアホでも成績が上がらないはずがありません。

それなのに行き詰まってしまうのです。6月に無料受験相談に行って、勉強の仕方や参考書についてもいろいろと教えてもらいました。そこで気分を変えて、さらには志望校合格のための勉強方法にも自信をもって勉強を続けてきたつもりでした。

それなのに相変わらず、思ったほどには成績が伸びません。大学入試に向けて全力疾走で1年間突っ走ると決めていたのに、最初こそ成績が伸びたものの足踏み状態が続いています。

無料受験相談のあとは、少しは気分も変わって頑張れたので改善が見られたのですが、だからといって急速に成績が伸びることもないままに夏休みも終わり、9月を迎えてしまいました。

努力の結果が成績に反映されないといった、やりきれない気持ちのままに孤軍奮闘していたときに、武田塾の無料受験相談のときに相談に乗ってもらった新田先生の言葉やそのときの自分の反応がなぜか何度も思い出されるのです。入塾しそうもない僕に対しても「そこまで丁寧に対応するの？」と不思議になるくらい、細かい留意点についても突っ込んで説明してくれたのです。

結構厳しい言い方もあったのですが、本当に僕のことを心配して相談に乗ってくれていると感じていました。おまけに新田先生の話って、すごく説得力があるのです。

受験勉強期間も、あと4か月ぐらいしか残されていません。これはもうダメ元と言ったら何ですが、武田塾に入塾するしかないなと思いました。ただしその場合でも、武田塾に入塾して1か月ぐらいで結果が出ないようなら辞めようと思っていたのです。

――インプットは出来ても求められるアウトプットが出来ない

その後もすぐには成績の上がらない状態が続いていました。もちろん勉強は、当初のペースを維持しています。勉強時間も多ければ、記憶力にも自信があって覚えることが得意です。毎週の確認テストでは当然のように合格点を取り続けていました。それなのに成績が上がらないのです。

武田塾のルートの参考書だけでは物足りず、並行して他の参考書にも取り組んでいました。担当講師の先生も困り果てていたようです。それもそのはずで、確認テストの答が合っているだけでなく、なぜその答になったのかと質問すれば、すらすらと正解に至る理由を説明できるのです。

勉強の進捗具合も充分ならば、武田塾の勉強法の中では最重要な復習についても完璧なまでにやってきているのですから、それで成績が上がらなければ講師の先生だって指導の仕方が分からなくなります。

武田塾に入ったものの、このままじゃ意味がないなと思い始めたころになって新田先生から電話がかかってきました。講師の先生が「田宮君はやるべきことをやり尽くすまで頑張っているのですが、なぜか成績が上がりません。どのように指導すればいいのか分からない」と新田先生への報告書に書いてきたそうです。「田宮君、大丈夫？」という話から始まって、「もう一度、詳しく話を聞きたいから」と武田塾に顔を出すように言われました。

それが入塾して1か月後くらい、それこそ武田塾に入塾して1か月たっても成果が表れなければ武田塾を辞めようと思っていた時期だったのです。

そのときも新田先生には驚かされました。武田塾の生徒のことを、それこそ微に入り細に入り、よく知っているのです。客観的に一人一人の生徒のクセや特徴を摑んでいて、志望校合格までのそれぞれの到達点や課題を的確に指示してくれます。たぶんそのときに新田先生と話さなければ、間違いなく武田塾を飛び出していたように思います。

新田先生には見抜かれていました。確認テストで合格点を取れるのは、得意の暗記力を使って宿題範囲を全部暗記しているからなのです。正答の理由を聞かれたときも、実は参考書の説明部分も全部暗記しているので、スラスラと説明できるのです。さらに勉強にかける時間は他の受験生をはるかに凌いでいるので、確認テストだけを見れば完璧に近いのです。

ただしインプットについては膨大な量だとしても、アウトプットの練習が欠けているので応用には問題があります。膨大な例題を暗記していても、その例題に類似していれば答えられるのですが、応用力を問われたら最後、臨機応変に対処できないのが悩みの種でした。

——最後まで応用力不足が足を引っ張りました

当初の志望校は、同志社大学です。東京大学や京都大学への受験生並みに頑張ったのに、最後の最後まで同志社大学のレベルに到達できませんでした。

たぶんその理由は新田先生が指摘したとおり、ついつい自分の暗記力に頼って、自分で考えなければならない問題も覚えてしまってお終いにしていたからだと思います。ただこれは言い訳なのですが、ついつい覚えてしまうのです。答も解説もあまり苦労することなく、時間さえかければ覚えてしまうので、考えようにも答も解説も分かっていれば、なにを考えていいのか分かりません。

武田塾に入塾して、基礎から再度叩き込むように指導されたのですが、そのことがある程度は役に立ったのですが、やはり自己流というか、丸暗記してしまうクセは直らなかったように思います。

このように数多くの問題を残したまま入学試験を迎えることになるのですが、武田塾に入っていたからこそ、ドロップアウトすることなく入試直前期を乗り越えることが出来たのだと思います。

僕自身に改善の努力が足りなかったのだと思いますが、それでも徐々に成績を引き上げることが出来ました。新田先生が陣頭指揮を取ってくれて、僕の欠点を克服するための指導をしてくださったのですが、その点については僕が自己流を押し通したというか、入塾した時期も遅かったので、どのようにすればいいのか分からないままに、入試に突入してしまいました。

でも今振り返ると、新田先生の存在の大きさに驚かされます。入塾してたった1か月で「もう辞めます」と言い出したり、成績にも波があれば気分的にも落ち着かずに無理難題を訴え続けました。それなのにいつも客観的に、ときには厳しく叱られたこともあるのですが、常に僕以上に僕の状態を把握して声を掛け続けてくれました。

もともと僕の参考書を使った自学自習の勉強法は、武田塾の指導方針に近いものがありました。そして高校3年生の6月に武田塾の無料受験相談を受けさせてもらって、ある程度の軌道修正や勉強法についての指導を受けました。そして9月になってからの入塾です。

直接指導を受けたのは数か月だけですが、元旦の勉強開始前に参考にさせてもらった武田塾提供の『逆転合格.com』に始まり、夏休み前の無料受験相談、9月からの入塾と、受験勉強に邁進した1年間を通じて武田塾の指導を受けていたようです。

少々問題を残した形になった丸暗記の勉強という弊害はあったのですが、勉強法だけでなくメンタル面で武田塾から受けたサポートが大きかったと思います。まさに手綱を引いてもらったのです。

――3年生の夏からの勉強では関関同立は難しい

幾度ものスランプを経験しながらもなんとか走り切って、立命館大学政策科学部に現役で合格できました。自分自身の暗記力に頼り切って、インプットは完璧でもアウトプットに難があるというあまり参考にもならない体験かもしれないのですが、それでも合格できたのには訳があると思っています。

その一番の理由は、高校3年生になる年の正月から受験勉強を本格化させたことです。僕の周りを見ても、高校3年生の夏ごろから頑張って関関同立に現役合格した人はいません。受かったとしても近畿大学ぐらいでした。

遅くとも高校3年生の春からは受験勉強を本格化しないと、関関同立やMARCHには受からないと思います。もちろんそれは、僕と同じぐらいの偏差値から受験勉強を始めた場合です。普通の人の平均ラインが偏差値50ならば、それより低い人は高校3年生になる春休み明けまでに、その差を詰めておいて、そこから本格的な受験勉強に取り組むしかありません。

大学受験のための勉強法とすれば、映像授業や生授業のような講義を聴いて勉強するのではなく、参考書を使った自学自習でやることが最強であるのは言うまでもありません。僕はインターネットで調べて武田塾のサイトに辿り着き、そこで語られたり指し示されたりしているルートを使って勉強を始めました。それだけのことでも春先には一気に成績が上がったのです。

確かにその後、幾度ものスランプに陥って成績が伸びない時期もありました。でもそれも武田塾の無料受験相談や、秋になってからですが武田塾に入塾したことによって、少しは立ち直ることが出来ました。さらに入試の当日まで、武田塾の新田先生の励ましによって、モチベーションを維持することが出来ました。

自らの暗記力に頼って、ガムシャラに突っ走った1年ちょっとの僕の受験勉強ですが、やはり僕は僕流の勉強方法でやるしかなかったと思っています。もっと早く武田塾に入って基礎から一つひとつ積み上げるという方法もあったと思いますが、人それぞれです。

ぜひみなさんも、大変だとは思いますが自分の勉強法を見つけて頑張ってください。その場合、一番大切なことは、人より早く始めることだということだけは断言できると思います。

担当教務より

教務担当：新田薫

志望校選択へのアドバイス

大学の偏差値によって志望校を選択したい気持ちが強かったので、当初の第一志望（同志社）だけではなく、そこに近くてより合格の可能性の高い立命館大学の受験も勧めました。

生徒の性格、勉強法の問題点

一冊を完璧にやり込もうという強い意欲はあるのですが、やる気にムラも多く、気分の起伏によって頑張ったり投げ出したりと、ちょっとした外からの影響で揺れ動くことがありました。

受験勉強の最初から最後まで、自分の勉強法にこだわり過ぎることと、モチベーションの維持に問題があったと思います。

受験勉強指導の重点ポイント

思い込みから間違った方向に行かないように、そして志望校合格へ向けて真っ直ぐ進めるように、手綱を引くことに重点を置きました。いかに雑念を払って高いモチベーションを維持しながら勉強に集中させるかが指導の要だったと思います。武田塾の勉強法、ルートを実践できることを一番に考えて指導を行いました。

途中経過と指導法の改善点

受験自体を投げ出しかねないぐらい、モチベーションが下がったことがあります。そこから再び受験勉強に向かうための面談を行って、立ち直らせるための努力をしました。

生徒の変化と指導上の留意点

前記のような状態からモチベーションを取り戻してからは、必死に勉強していました。あとはひたすら参考書に没頭してもらいました。

受験直前期対策と合格のための選択

入試直前期には、よほどのことがない限り立命館大学に合格できるだけの力は付いていました。通常通りの過去問演習によって受験勉強の仕上げ作業を繰り返させました。

これからの大学生活に期待すること

自分が知っていることだけが世の中のすべてではないので、広い視野を持って取り組んでください。受験は合格が目的なので自分優先で構いませんが、今後はそういうわけにいきません。自分のこと以上に他人のこと、周りのことを気遣う必要があります。社会人になる準備をしていきましょう。

合格体験記 10

赤点の数学を参考書で克服して、リケジョになった

「青チャート」を捨て「やさしい数学ノート」から学び直した

たけうちようこ
竹内燿子
現役合格

武田塾横浜校　コース：個別管理特訓S、L

合格した大学

明治大学理工学部建築学科／法政大学デザイン工学部建築学科／法政大学デザイン工学部システムデザイン学科／芝浦工業大学建築学部／芝浦工業大学デザイン工学部（太字が進学先）

略歴

私立青稜高等学校卒（偏差値64）

東京の都心、品川区にある進学校です。大学受験対策に特化した指導を掲げているだけあって、受験のためのサポートもしっかりやってくれるので、高校3年生になればみんな

一斉に受験勉強に向かうといった感じの高校です。

私は野球部のマネージャーをやっていたので、本格的に受験勉強に取り組み始めたのは高校3年生の7月に部活を引退してからですが、高校2年生の10月から武田塾に通い始め、せいぜい毎日1時間程度だったのですが勉強していました。

志望大学と受験科目

志望校を選んだ理由

センター試験で大失敗して行けなかったのですが、第一志望は首都大学東京のインダストリアルアート学科でした。もともと自分でいろいろな物を作ったり絵を描いたりすることが好きだったのです。

一方で理系に興味があったので、私立の大学だったら美術的な要素はどの学科かと考えたときに、建築学科だと思ったのです。MARCHの中で建築学科のある大学は明治大学と法政大学だけなので、この2校を受けて明治大学に進むことにしました。

受験科目について

合格した大学の受験科目：数学（ⅠA、ⅡB、Ⅲ）、物理、英語
その他の受験勉強科目：国語（現代文、古文、漢文）、デッサン

得意科目と苦手科目

得意科目：国語

得意な理由が分からないのですが、勉強もしていないのに悪い点数を取ったことがないのが国語、特に現代文です。センター試験本番でも、マーク模試の練習をした程度なのに8割から9割は取れました。小さいころに両親が本を読み聞かせてくれていたので、それが関係しているのではないでしょうか。

苦手科目：数学

国語が何とはなしに得意なように、その一方で数学が何とはなしに苦手でした。それでもやりたいことが理系ですから数学もやるしかありません。数学の勉強が進まない理由を考えたときに、「この現象はどうしてこうなっているのかな？」などと考えすぎることが多かったので、とりあえずは手順と、公式やパターンを覚えるようにしました。おのずと

理解も追い付いてくるようになって、苦手意識も少しは克服できたと思います。

武田塾と受験勉強

武田塾との出会いと入塾したわけ

野球部の練習のために江戸川区球場へ行ったときに、最寄り駅に武田塾の大きな看板がありました。野球部の練習で、特に数学などでは授業に付いていくことも大変でした。しっかりと自分のレベルに合った勉強をしたいと考えていたので、武田塾の看板に書かれていたキャッチコピーが気になったのです。特に部活で時間のない私には、「授業をしない！」という言葉が気になりました。

ちょうど後期中間テストの時期だったこともあって、無料受験相談を受けてみることにしました。そのときは西村校舎長が面談してくださったのですが、説得力のある話を次々と聞かされて、ここなら成績を伸ばすことが出来るという希望が湧いてきました。

忙しくて勉強計画も立てられず、勉強のペース管理もできないような状態でしたから、ここなら勉強計画も立ててくれるし、ペース管理もやってもらえると思いました。特に苦手な数学について、自分のレベルに合った勉強が出来そうだと思ったことが、入塾の最大の動機です。

武田塾での日々と受験勉強

通っていた高校が進学校なので、受験に向けた参考書を使った授業が多く、例えば数学だと数研出版の『青チャート』や『4STEP数学』といったような難しい参考書を使います。たぶんそれが分かる人にはすごくいい参考書なのでしょうが、数学の苦手な私は全然頭に入ってきません。テストのたびにあまり分からないままに解いて、テストで悪い点を取って、またすっきり忘れることを繰り返していました。

武田塾に入って、自分のレベルに合った参考書から始めることによって、数学がどういうものかを知ることができました。その結果、模試での成績が上がっただけでなく、高校のテストでも赤点を取るようなことがなくなりました。勉強方法などへの迷いもなくなり、基礎固めから始まって、着実に力を付けることも出来ました。

私の日常生活と勉強

部活をやっているときは、部活が終わって武田塾の自習室に辿り着くのは夜の8時過ぎです。そこから自習室が閉まる10時まで勉強したのですが、部活からの帰りが遅くなることもあるので、高校3年生の7月に部活を辞めるまでは、1日1時間程度の勉強時間しか確保できませんでした。

それでも、どんなに疲れていても、あるいは自習室に辿り着くのがどんなに遅くても、必ず自習室に行って少しでも勉強すると決めていました。部活を辞めてからは、授業が終われば武田塾の自習室に直行です。

受験直前期になって学校の授業もなくなったあとは、毎日7時に起きて8時から午後2時ぐらいまでは自宅で勉強です。そのあとで遅い昼食を済ませて、武田塾の自習室に行って9時ぐらいまで勉強していました。自習室から自宅に帰ったあとも、その日の勉強を復習して12時には寝るようにしていました。

私のお薦め参考書、ベスト3

①速読英熟語（Z会）

読むと熟語が身に付く参考書です。熟語単体で覚えるのでなく、文章の中でどのように使われるか分かるので、さらに理解が深まります。英語は聴いて覚えるのが一番いいそうです。私は「なんて言っているのかな？」とイメージして、英語のままで理解するように心がけながら聴いていました。そのように使えば、速読の能力も身に付く参考書です。

②基礎問題精講（旺文社）シリーズ

数学が苦手だった私にとっては、最後の方にポイントが簡潔にまとめてあるので、このような問題には何を使えばいいのか一目で分かりました。「ここを意識して解いたらいいんだ」「この文章だったら、ここのこういう部分を読んだら、これを使って解くんだな」などと、使える知識が簡潔にまとめてあるので、この参考書を何周もやれば力が付きます。

③物理のエッセンス／良問の風（河合出版）

二次試験対策に最適な参考書です。受験によく出る問題がたくさん載っているので、解説を読み込んで理解すると、さまざまな応用が利きます。ただしこの問題集を単体で使うよりは、分かりやすい講義系の参考書と併用した方がいいと思います。分からないところには立ち向かうのではなくて、もう一度講義系の参考書へ戻って知識を整理してから、再度この参考書の問題に取り組む方が効率的です。自分の実践力がすごく分かる問題集です。

合格体験記──竹内燿子

──野球部のマネージャーだった日々と受験勉強

通っていた私立青稜高校は東京都内の品川区にある進学校です。野球部のマネージャーをやっていたのですが、都心の学校なのでグラウンドもなく、あちこちのグラウンドを借りて練習していました。

選手同様にマネージャーも、日が暮れるまでグラウンドで過ごします。それほど強くないチームだったのですが、それでも選手が打ってくれたり試合に勝ったりするとすごく嬉しくて、マネージャーをやっていて良かったと思います。でも、マネージャーには監督と選手をつなぐ役割もあるのですが、それが上手くいかなくて悩んだこともありました。

私は理系のクラスですが、一応進学校で大学受験に特化したような教育方針ですから、授業もそれなりにハイピッチで進みます。その授業に付いていくのも精一杯で、日ごろの予習や復習などの勉強も必要ですが、部活に疲れ果てて勉強は手に付きません。周りの同級生の中には早くから受験対策のための予備校や進学塾に通っている人もいるので気になっていました。

やがて高校2年生の秋を迎えるころになって、後期の中間テストがありました。私の苦手科目は数学ですが、そのときに数学で2つも赤点を取ってしまったのです。

高校での授業、特に理系のクラスでの授業ともなると大学進学を念頭に、使っている本も数研出版の『青チャート』や『4STEP数学』など、それこそ大学受験のための予備校などで使っている難しい参考書です。私には難し過ぎるというか、部活で疲れ果てていますから、授業中にちょっとでも居眠りしようものなら、もう付いていけなくなります。

それでなくても数学が苦手なので、みんなと同じように授業を受けていても、途中から訳が分からなくなってしまうのです。

定期試験のたびに1週間ほど前から部活は休みになります。そのときになってめっちゃ詰め込んでテストに臨みます。そしてなんとかテストがクリア出来たら、すぐに忘れるようなことを繰り返していました。

――遠征先のグラウンドの最寄り駅に巨大看板発見

このままじゃマズイ、大学受験に間に合わないどころか準特進コースに残れないと焦り始めました。実は私の通っていた青稜高校は進学校なので、特進コースと準特進コースと普通のクラスに分かれているのです。高校2年生のときは辛うじて準特進コースだったのですが、3年生になると人数も減らすということなので、残れるかどうかギリギリだったのです。

そんなときに先ほども書いたように後期の中間テストの数学で2つも赤点を取ってしまったのです。それでなくとも準特進コースに残れるかどうか分からないのに数学で赤点を取って、さらに準特進コースの人数が減らされるとなると、狭き門がさらに狭くなってきたのです。

ある日、野球部が試合のために江戸川区球場に出向きました。最寄り駅は東西線の西葛西駅ですが、試合が終わった帰り道、「授業をしない！　武田塾」と書かれたすごく大きな看板が目に飛び込んできました。その一瞬で、大きく書かれた「授業をしない！」という言葉に魅せられてしまいました。

辛うじて1日1時間程度の勉強時間を確保するぐらいの状況だったので、今さら授業なんて受けていられません。中間テストで赤点を取って焦っていた時期でもあったので余計だったと思いますが、もうここしかないんじゃないかというぐらい衝撃的なキャッチコピーだったのです。

さっそく、無料受験相談を受けたのですが、そのときに会ってくださったのが武田塾横浜校の西村校舎長です。その西村校舎長、すごく話が上手くて、心理学を学んでいるんじゃないかなと思わせるくらい、人の心をつかむのが上手いというか説得力があるのです。その場ですぐに「もう騙されてもいいや」と騙されたつもりで入塾することにしました。

もちろんそのような雰囲気だけではなくて、具体的な志望校合格のためのプロセスや志望校合格には何が必要かといった話を逆算して聞かせてもらいました。普通の塾や予備校だと「じゃー、まずはこれをやって」というような話から始まると思うのですが、最初から到達すべきゴールを提示してくれて、そこへ到達するには「いつ」「なにを」すべきなのかを分かりやすく説明してくれるのです。

だから説得力があるというか、具体的に入試から逆算して、合格のためにはこの参考書を完璧にすることが必要だから、「このように勉強して、毎週の確認テストで習得具合をチェックして、さらには段階突破テストをクリアして、試験に臨めばいいんですよ」といったように具体的な勉強法を話してくれるので、なぜそこまでやれば志望校に合格できるのかがイメージできるのです。

――準特進コースに残れたのも武田塾のお陰です

実際に入塾してみると、無料受験相談のときにお聞きした志望校合格までのプロセスが、より一層具体的に指示されることになります。

前述したように部活が忙しくて、定期テスト前の1週間ぐらいの勉強期間を除けば、疲れ果てた寝ぼけ眼(まなこ)で、毎日せいぜい1時間程度を予習や復習に充てる程度だったのです。だから学校の授業に付いていくだけでも大変ですから、定期テストが終わればすべて忘れてしまうようなことを繰り返していました。

それを毎週の宿題の形で、それこそ今日は何をすべきなのかがハッキリ示されているのです。それも私の置かれている状況やレベル、学校や部活での行事の予定を見ながら微調整してくれて、少々きつめではあっても無理のないペースで勉強できるようにリードしてもらいました。

先にも書いたように、通っていた高校はそれなりの進学校ですから、授業もどんどん進んでいきます。特に私の苦手な数学なんて、使っている参考書も難しければ、まじめに聴いていていても授業に付いていていけません。部活のために授業中は睡魔との闘いになりますから、頭の回転も遅くなってしまっているのです。

やはり授業の弊害というか、数学が苦手な人が他の人と同じように授業を聴いていていても全然頭に入らないというか、授業を聴いている時間そのものが無駄になってしまうのです。

その苦手な数学ですが、武田塾に入ってすぐに指示されたのが『やさしい数学ノート(旺文社)』の勉強でした。高校で使っていた『青チャート』や『4STEP数学』に比べると極端なぐらいに初歩的な参考書です。

自分でも、もう一度基礎からやり直さなければヤバいと思っていた数学ですが、武田塾に出会わなければ相も変わらず『青チャート』や『4STEP数学』と格闘して自滅していたように思います。

今さらもう一度基礎からやり直すということに少しは焦りもあったのですが、1週間後には確認テストがあるので、分かり切っているような内容でも手抜きが出来ません。

──本格的に受験勉強を始めるまでの部活と武田塾

私の場合は苦手な数学を初歩の初歩まで戻ってというか、自分でもこれくらいなら大丈夫という段階の、それよりさらに一段下の段階の参考書にまで戻ってやったからこそ、基礎を固めることが出来たと思います。

やはりそこまで戻って基礎から積み上げる努力をしたお陰で、数学がどういうものかを理解できたのです。それが、自分に合った参考書で勉強することの大切さだったと思います。

そのような積み重ねと武田塾のルートに基づく計画的な勉強によって、一歩一歩志望校に近づいているはずだという思いもありました。さらに武田塾に入塾したときは中間テストの数学で赤点も取って、準特進コースに残れるかどうかの瀬戸際だったのですが、その後の模擬テストで頑張ったこともあって、ぎりぎり準特進コースに滑り込みセーフで残れました。それも先ほど少し触れたように、定期テストが近付くと武田塾の講師の先生が宿題の量や内容を微調整してくれたお陰です。

部活が終わるのは夜の7時過ぎですが、高校に野球のできるグラウンドがなかったので、その日に使う練習場所によって、帰宅時間もバラバラです。武田塾に辿り着くのも早くて8時ごろ、ときには9時近くになってしまいます。

武田塾の自習室は10時には閉まりますから、毎日1時間程度の勉強というところでしょうか。私が自習室に辿り着くころには、勉強を終えて帰宅する人たちとすれ違います。たぶん「なんで今ごろ来るの？」と不思議がられていたのではないでしょうか。それも大きな部活用のザックを背負っての登場です。

それでも、たとえ1時間程度しかいられなくても自習室に寄って、勉強してから帰ると決めていました。どんなに疲れ果てていてもです。野球をやるのは男子部員で、マネージャーは楽なんじゃないのと思われるでしょうが、マネージャーだって結構疲れるのです。小走りで動き回ったり、それでなくとも練習中はずーっと屋外にいるのです。

だから部活をやっている間は、毎日が睡魔との闘いだったように思います。

もちろん勉強時間は足りないのですが、だからといって移動の時間などの隙間時間に英単語を覚えるなどの勉強は出来ません。居眠りしているか、歩いたり話したりして気分転換する程度です。

授業中も気が付けば居眠りをしていることが多かったように思います。それでなくとも授業に付いていけないのですから、内職をするなんてとてもとても不可能です。それこそ部活をやるために高校に通っているような毎日でした。

部活を続けている間は、武田塾の方でも基礎固めに重点を置いて指導してくれていたようで、無理のない範囲で宿題を出してもらっていました。

――本格的な受験勉強の前に徹底的な基礎固め

受験までの期間を念頭に、いつまでにどこまでやるかを考えての宿題です。ですから私は余計なことを考えずに目の前の宿題に専念して、1週間後の確認テストで合格点を取るための努力をするだけでいいのです。

武田塾の方でも、私が毎日費やせる勉強時間を1時間と考えて、宿題を設定してくれたのです。大学受験については、もちろん不安がなかったとはいえませんが、指示されたとおりに勉強すれば志望校の合格圏に辿り着けるというように、進むべき道がハッキリしているのです。不安はあってもやり方の心配はしなくていいと思っていました。

だからどんなに疲れていても、部活が終わったら塾に行って、決められた課題は確実に終えてから帰ろうと思っていました。そのようなルーティンが出来たからこそ、武田塾に入ってから部活を卒業するまでの10か月弱の期間も無駄なく過ごせたように思います。

ちょっとずつですが数学の基礎が固まっていくと、難しい問題も解けるようになります。レベルに合った易しい参考書で学ぶようになってから、何をするべきかで迷うこともなくなりました。ひたすらその日の課題を解き続けることによって、着実に前進していくのです。

そのような地道な勉強を続けているうちに、学校のテストでも赤点は取らなくなりました。入塾する前は模試の英語でも、200点満点で100点も取れないような状態だったのですが、着実に上がり始めました。数学の模試でも大問の一などは基礎的な問題ですが、少なくともその部分は落とさなくなりました。


――ヒエー！　こんなにやんなきゃならないの？

高校3年生の7月、部活が終わって本格的な受験勉強開始です。「さー、頑張ろうね」と西村校舎長や講師の先生たちも気合が入っていたようです。そのころには志望校もインダストリアルアート学科のある首都大学東京と建築学科のある明治大学と法政大学に絞り込んでいました。

もともと絵を描いたり物を作ったりするのが好きだったので、デザイン系でもある建築関係に進もうと思ったのです。同じ理工系でも医療系や生物を取り扱う分野は、血を見るとひっくり返りそうなので最初から対象外だし、電気なども目に見えないから扱ったり作ったりする喜びが感じられないので、美術的な要素もある建築関係に行き着いたのです。

第一志望だった首都大学東京のインダストリアルアート学科だけは、デッサンの試験もあります。木とか金属、ガラスのような物体の質感を描きわけるような課題が出されます。そのために武田塾でも週に一度はデッサンのできる講師の方に見てもらっていました。それ以外にも、センター試験対策としては国語も必要ですが、共通する主な受験科目は数学と英語と物理です。

まだ部活を続けていたころは宿題の量も少なくしてもらっていたし、「大変でも、部活も最後まで頑張れよ」と応援してもらっていました。だから毎日1時間少々ですが欠かさず勉強を続けることが出来たのです。毎週の確認テストの成績も辛うじて合格点の8割をクリアする程度ではあったのですが、無理がないような量に調整してもらっていました。

しかし高校3年生の7月になって、部活も辞めたとなるとそうはいきません。それまでは基礎固めに徹して無理のない量の勉強だったので、志望校合格へ向けて一気に質・量ともに高める必要があります。「ヒェー！」と思うぐらいの宿題が出されるようになりました。

ともかく凄まじい量なのです。それでも「大丈夫、出来るはずだよ」「キミなら出来るよね」「出来なくても出来るところまで頑張って」「ベストを尽くしてやってきたら、それをテストするから」と手抜きさせてくれません。

確かに、すでに入試までは半年しかありません。必死になって頑張ったので確認テストでは合格点の8割以上を取り続けることが出来ました。

そのようにして頑張ったときって、担当講師の先生たちが「やったじゃない。頑張ったね」と言ってくれるだけでなく、教務の草竹先生や西村校舎長も特訓後の面談で「すごく頑張っているね」「これなら大丈夫」と私の努力を肯定してくれます。

――スランプ、挙句の果てにセンター試験で大失敗

受験勉強期間中全体を見れば、おおむね順調だったと思います。

苦手な数学も、それまでは「この現象はどうしてこうなるの」といったように解く前にすごく考え込んでしまっていたのですが、とりあえず手順や公式を覚えるしかないと暗記してどんどん解くようにしたら、あとから徐々に理解が追い付くようになりました。

武田塾に入ったころは『やさしい数学ノート』からやり直さなければならない状態だったのですが、やがて『基礎問題精講』シリーズに取り掛かり、何周もやることによって武器をどんどん身に付けるようにして、解答能力を向上させていきました。

受験勉強期間中の大きなスランプといえば、入学試験の1か月ぐらい前に受けたセンタープレ試験での物理の悲惨な結果があります。

そのような時期になって、「本当にヤバい」「出来てないじゃん」と悲しくなりました。でも、もうスランプだなんて悩んでいる時間もありません。それまでは物理の勉強で『良

問の風』がすごくいい参考書だと思って何周も解いていたのですが、センター試験は割と物理の本質そのものを問うような問題が多いのです。だから二次試験対策としては『良問の風』がピッタリなのですが、センター試験では使えないという欠点があったのです。

私のお薦め参考書のところにも書きましたが、『良問の風』と教科書に近いような講義系の参考書を併用することが大切です。『良問の風』でぶつかった疑問に対しては、講義系参考書に戻って理解する作業が大切なのです。

そして迎えたセンター試験本番です。実は大切なセンター試験本番で、とんでもないミスをやらかしてしまいました。数ⅠＡを解かなければならないのに数Ⅰを解いて、大爆死してしまったのです。

センター試験が終わったあとは一日中大泣きしていたので、たぶん家族の誰もが「この子はもうどこにも受かりそうにないな」と思ったはずです。

――それでも絶対、受かるはずだと思っていた

首都大学東京も、明治大学も法政大学も、模擬試験のたびにＥ判定でした。それでもな

ぜか「きっとどこかに受かるはずだ」と思っていました。武田塾のルートに沿って、着実に積み上げてきたという自信もあったのかもしれません。でも最後の心のよりどころは西村校舎長の「本番で点数を取れれば受かるんだよ」や、1、2週間程度しか時間が残されていなくても「まだまだ全然いけるでしょう」というちょっと気楽な、あまり根拠のない励ましでした。

でもそれが脳裏にこびりついて、まるで暗示をかけられたかのように「大丈夫、私は受かるはずだ」と思い続けることが出来たのです。

最初に明治大学理工学部建築学科の合格を知ったのは母です。

午前10時に発表があったのですが、お昼までは勉強して、お昼ご飯を食べながら確認しようと思っていたのです。落ちても受かっても勉強の手が止まっちゃうなと思っていたのです。

お昼を食べようと思ったとき、すでに母は知っていてニヤニヤしているのに、何も言わないのです。ネットで調べて、「やったー！　受かっている」と言ったときになって初めて、「知っているよ」「さっき見たよ」と言われちゃいました。

センター試験で大失敗して大泣きしたときから、母は心配で、心配でたまらなかったようです。

このようにして私の受験勉強は終わりを迎えたのですが、今になって振り返ると結果的には部活とも両立できたし、現役で明治大学理工学部建築学科に進学することが出来ました。

第一志望だった首都大学東京はダメでしたが、首都大学東京の受験のためにやってきたデッサンの勉強だって、これから役に立つと思います。

私の場合の勝因は、たまたま野球部の試合帰りに見かけた武田塾の大きな看板です。ともすれば忙しさにかまけて疎かになりがちな勉強を、武田塾の先生たちが第3者の目線で見ながらサポートしてくださいました。毎週のように講師の先生方や校舎長や教務の先生と話し合い、自分の勉強がルート通りに進んでいるのかを確認しました。

取り組んでいる参考書が自分のレベルに合っているかどうかも大切です。そのことも毎週の確認テストや段階突破テストで確認しながら進めるのが武田塾のやり方でした。だからこそ着実に、部活の方も最後まで投げ出すことなく頑張れたのだと思います。

そして、ちょっと自分を褒めてやりたいのですが、眠い目をこすりながらですが、毎日たとえ1時間ずつでも勉強を続けたからこそ、武田塾の指導するルートに沿って合格圏に辿り着けたのだと思います。みなさんもまた、毎日少しずつでもいいので頑張ってください。

西村校舎長と同じように、私も言いたいのです。

「本番で点数を取れれば受かるんです」

「まだまだ全然いけるでしょう」

担当教務より

教務担当：西村裕樹

志望校選択へのアドバイス

志望校は首都大学東京システムデザイン学部インダストリアルアート学科と明確でした。建築デザインを学びたいという思いも強かったので、そこに合わせて私立大学も考えていきやすかったと思います。

生徒の性格、勉強法の問題点

非常に真面目な生徒です。自分でいろいろと考えて勉強できるタイプでもあります。高校2年生の冬ごろに課題設定されていた内容を終わらせたのち、時間を作って自分で決めた参考書もやっていたことが印象的でした。部活動が非常に忙しかったので、高校3年生の夏ごろまでは、勉強時間を作ることに苦戦していました。時間がなかなかとれないことが課題でした。

受験勉強指導の重点ポイント

部活引退の高校3年生の夏までとその後で課題の進行度を変えた計画を立てました。部活引退までに英語と数学の基礎を完了して、部活引退後には英語と数学の演習と他の科目の基礎作りです。そして11月ごろからは過去問演習と明確にタスクスケジュールを打ち出して、今の勉強が今後にどのように繋がっていくのかを明確にしました。

途中経過と指導法の改善点

11月の時点でセンター試験に向けた演習の点数が非常に良くて、基礎的なことをしっかりマスターしていることが確認できました。しかし応用問題では手こずっていたので、私立大学の受験に向けた演習や国公立大学の二次試験対策のための時間を後半多めにとりました。特に数学は数Ⅲの出来が良くなかったので、数ⅠAとⅡBはセンター試験対策の演習に終始し、残りの時間を数Ⅲに費やしました。

生徒の変化と指導上の留意点

あまり「大丈夫だよ」とか「いけるんじゃない」とか確信のない言葉だけは言わな

いようにしました。出来ていることはもちろん認めたのですが、どちらかというと彼女の基準が上がるような情報提供をしました。現役生だったので特に部活引退後の後半は、かなりタイトなスケジューリングだったと思います。そのために一つひとつのゴールを明確に設定して、頑張ってもらうようにしました。

これからの大学生活に期待すること

志望していた建築関係の学部に進学できたことをスタッフ一同喜んでいます。竹内さんは自分に厳しく、常に高い基準を目指していたように思います。だからこそ常に自分と戦っていたように思います。

大学生活でもぜひいっぱい学んでいっぱい吸収してください。そして建築デザイナーとして活躍できる基礎になるような学びをたくさんしてほしいと思っています。自分に厳しい竹内さんだからこそ、自分の作品に圧倒的な自信が持てるようなデザイナーになってほしいと心から願っています。

合格体験記 11

入塾2か月で3教科の平均偏差値が10もアップ！

名門進学校のビリから5番目、司法試験への最短距離を目指す

渡辺 亨（わたなべ とおる）
現役合格

武田塾山形校　コース：個別管理特訓S（英語）、L（国語、世界史）

合格した大学

中央大学法学部法律学科（太字が進学先）

略歴

山形県立山形東高等学校卒（偏差値70）

山形県屈指の進学校と言っていいほどの高校です。1学年240人ぐらいで、2年生のときに文系と理系に分かれます。僕は文系ですが、その成績はなんと文系120人中の1

16位、下から数えて5番目でした。それというのも、言い訳にしか聞こえないと思いますが、所属していた演劇部の活動が大変だったのです。

おまけに僕が高校3年生のときに全国大会にまで進出したのです。そしてこの演劇の全国大会、出られるのが全国で8校しかないので、全国大会への出場資格を得ることはベスト8に選ばれたことになります。出場するための門が甲子園よりはるかに狭い、厳しい闘いなのです。

その全国大会が終わったのが8月中旬です。通常ならば6月には部活も卒業して受験勉強に取り組んでいるはずなのに、2か月も遅くなってしまいました。それでなくとも成績は下から数えて5番目です。一気に厳しい現実に直面したところから僕の受験勉強が始まりました。

志望大学と受験科目

志望校を選んだ理由

慶應義塾大学を第一志望にしていたのですが、弁護士になりたいという夢を持っていたので、司法試験に強いという中央大学も考えていました。大学へ進学する目的が司法試験の合格ですから、慶應義塾大学のブランドも捨てがたいものがありましたが、それよりも現役で合格して、少しでも早く司法試験合格へ向けての勉強に取り組みたいと考えたのです。

受験科目について

国語（現代文、古文）、英語、世界史
※センター試験対策として漢文も勉強しました。

得意科目と苦手科目

得意科目：世界史
僕たちの演劇部の顧問が世界史の先生だったので手を抜くことが出来なかったことや『キングダム』という中国王朝の歴史などを描いた漫画が好きだったので、自然と世界史が得意科目になっていきました。
苦手科目：古文、漢文
小説などが好きだったので、いずれ勉強すればいいやと飛ばしていたのです。センター試験の前の1か月程度あれば大丈夫と聞いていました。しかし武田塾に入って古文や漢文の勉強を始めてみると、それまでのブランクが長すぎて古文や漢文を受け入れる頭の構造にならず、慣れることだけでも結構な時間がかかってしまいました。

武田塾と受験勉強

武田塾との出会いと入塾したわけ

それまでも武田塾の駅の看板を見ていたはずなのですが、目を留めたのは高校3年生の8月、演劇部の活動が終わって受験勉強を本格化しようと考えたときです。試験までの残された勉強期間も短く、参考書で独学するという武田塾のやり方以外に方法がないと自分でも思っていたので無料受験相談を受けました。そのときは入試に向けて何から手を付けたらいいのかも分からない状態だったのですが、志望校合格に向けて「何を」「どのように」勉強すべきなのかを具体的に、英単語の覚え方を例にとって教えてもらいました。

武田塾の示すルートに基づいて、毎週指示される課題（宿題）をクリアし続ければ志望校に合格できるという勉強の道筋も話してもらい、ここならば迷うことなく受験勉強に専念できると思ったので入塾しました。

武田塾での日々と受験勉強

武田塾に通い始めてからは勉強する方法が分かったこともあって、毎日勉強する習慣が付きました。

すでに学校の授業も履修すべき内容をほとんど終えて、ほぼ自習状態だったので、武田塾から出される毎週の課題に集中して取り組むことが出来ました。

1週間後の確認テストでは、おおむね9割以上の正解率です。山田校舎長や講師の先生たちに励まされながら、迷うことなく勉強を続けることが出来たので、これならば必ず現役で合格出来ると思っていました。

私の日常生活と勉強

僕の場合は部活と勉強の両立が出来なかったので、そのかわりに部活の引退後にはすぐに受験勉強モードに切り替えるように努力しました。

主な勉強場所は半ば自習時間となっていた学校の教室と武田塾の自習室です。朝6時半に起きて学校には7時45分に着き、それから4時までは学校で勉強です。そのあと4時半からは武田塾の自習室で勉強して9時半に帰宅。11時半には寝るようにしていました。

私のお薦め参考書、ベスト3

①システム英単語（駿台文庫）

1章と2章には、センター試験に絶対必要な単語が収録されています。1、2章をやったあとで模試を受けて、この参考書の的中率の高さというか出題される可能性の高さに驚きました。そのあとはこの単語帳を信頼するようになってやり続けたのです。

見出しが大きくて使いやすかったということもあるし、カバーを外して表紙を見ると昔の洋書のような感じで、傷みやすいからかえって勉強をしている感が出るので、わざと雨の日に持ち歩いてボロボロにしていました。

②ポレポレ英文読解プロセス50（代々木ライブラリー）

『システム英単語』は最初の基礎の部分を支えてくれた参考書ですが、『ポレポレ英文読解プロセス50』は、ある程度力が付いてきて偏差値60くらいまで来たときに、もうひと踏ん張りして偏差値を70まで引き上げるために必要な参考書です。だから早慶や中央で出されるような難しい読解に対処するには欠かせません。薄くて使いやすく解説も良くて、英文解釈をするときの頭の流れをそのまま文章にしたようなテキストです。順応していけば自然と英文の解釈が分かるようになってきます。

③これならわかる！ ナビゲーター世界史B（山川出版社）

演劇部の顧問が世界史の先生だったので、世界史についてはその都度勉強していたのですが、定期テストまでは覚えていても徐々にぼやけていきます。世界史で大切なのは、やはり縦と横をつなげるといった全体像を把握することなので、このシリーズの4冊の本を使うことによって全体像をつかんでから個々のテーマについても勉強しました。

私立の難関大学に出るような知識についても、究極のところでは1か月前からでも詰め込みは可能だと思うのですが、やはりその前に全体像を把握しておくことが欠かせないので、この講義系の参考書が役に立つと思います。

合格体験記――渡辺 亨

――高校での成績は、文系120人中116位だった

通っていた県立山形東高校は古くからの伝統もあり、進学校として知られています。東京大学へも進学するし、隣の宮城県には東北大学もあるので、東北大学へ進学する生徒も多い高校です。

だから「山形東に行っている」と言えば、「じゃー、頭がいいんだ」と言われるような学校なので、生徒もプライドを持っています。制服もなく生徒の自主性に任されているのですが、節度を重んじるというか、空気を読んで自重しながら高校生活を送っています。

そのような山形東高校ですが、高校2年生になると理系と文系にクラスが分かれます。それぞれ120人ぐらいですが、僕の成績は文系の120人中116位です。そして僕の下の4人はというと、僕と同じ演劇部員でした。実は演劇部の活動が忙しくて勉強時間が作れないと口実に使われるくらい演劇部の活動がハードだったのです。

高校によっては同じように演劇部という名前が付いていても、放課後に集まって楽しく談笑しながら文化祭の演目を練習する程度の演劇部もあれば、吹奏楽部と同じような感じ

ですが、競技性があって全国大会を目指してガッツリ取り組む演劇部もあります。幸か不幸か僕の高校の演劇部は後者だったのです。

全国大会を目指すほとんどの演劇部は、プロの脚本家が書いた作品を演じるのですが、僕の高校の演劇部は伝統的に自分たちで脚本から手掛けていました。僕の友だちにすごく才能のある子がいて、その子の書いた脚本で、本当にゼロから作っていくのです。

僕が担当したのは音響です。音響のチーフとして、この場面にはこういう音響を使ったらいいとか、こういう曲が合うとかを考えます。ここでボリューム上げてとか、カットアウト、カットインなど使う曲についてもパソコンで編集するのです。もちろん僕だけでなく演劇部員それぞれに担当が決まっていますから、本当に勉強の時間なんてなくなるのです。

特に僕たちの代になって、創部以来初の全国大会進出です。実は演劇の全国大会は全国で8校しか出場できないのです。だから全国大会に出ること自体が甲子園よりもはるかに狭き門で、出場権を得た段階ですでにベスト8に入ったことになります。そのようなこともあり、学年の最下位層が演劇部員で占められていたのも当然だったのかもしれません。

――ようやく部活を終えて武田塾の無料受験相談へ

その全国大会が終わったのが高校3年生の夏、それも8月になってからです。その大会が終わるまでは、すべてが演劇中心の生活です。全国大会への出場がなければ6月には部活を終えていたはずなのです。他の部の3年生はとっくの昔に部活を終えて、受験勉強に邁進しています。

全国大会へ出場した喜びもつかの間、それでなくとも学年の最下位層を占めていた演劇部員は、さらに2か月もの受験勉強のタイムロスを背負って受験勉強に突入することになりました。

たぶん以前から、通学途中で武田塾の看板を見ていたと思います。それでも演劇に夢中になっているときは学校の授業に付いていくだけでも大変だったので、どの予備校や塾の看板も目に留まりません。だから武田塾の看板を見て、「あー、こんな塾もあるんだ」と思ったのは部活を辞めた8月の中ごろ近くでした。

通っていたのが進学校ですから、夏までに数学も英語もほとんどの履修内容の授業は終わっています。社会科がほんの少し残っている程度ですから、今さら先生たちに一から教えてくださいとは言えません。ましてすでに高校3年生の8月半ばですから、今から授業を聴いても全部終わるころには入学試験が終わっています。

授業に頼らず自学自習で、参考書を使って勉強するしかないなと思ったときに、いつも見慣れていたはずの武田塾の看板に目が留まったのです。「逆転合格」「授業をしない！」など、そのとき頭に浮かんでいたキーワードがそのまま看板に書かれていました。さらに、このあとどのように勉強すればいいのかを考えていた僕の思いを推し量ったような「無料受験相談」の文字です。

無料受験相談では『システム英単語』を例に取り、これを1日200個覚えて、次の日に新たな単語を200個覚えて、前の日に覚えた単語の復習をしてといったように積み重ねて、1週間たったら全部の復習をするという勉強法を教えてもらいました。

確かにその方が高校でやっている勉強法より合理的です。高校では、その日の授業に使った教科書の中の分からない単語をいちいち辞書で引いて確認するといったやり方です。

他にも目的を志望校の合格に絞り込んだルートと呼ぶ参考書を使った勉強の進め方も説明してもらいました。僕自身が最初から私立の大学を目指していたこともあって、受験科目に特化した勉強方法には無駄がないように思いました。それこそ受験勉強への取り組みが遅れた僕のための、無駄な寄り道を省いた最短距離での勉強計画です。

――大学へは、弁護士になりたいから行くのです

中学生のときに夢中になって観ていたのが『リーガル・ハイ』というテレビドラマです。もちろん弁護士という職業があるのはその前から知っていましたが、このドラマを観なければ将来弁護士を目指そうなんて思わなかったと思います。

さらにその思いを強くしたのが、高校2年生の秋に行われた「首都圏研修」と呼んでいる東京近郊で働くOBの方たちの職場を訪問する行事です。三菱などのシンクタンクや博報堂などの広告代理店、さらにはがん研究センターといった医療関係の研究所などにも訪問します。そのときに僕が選んだのは法律事務所でした。

その法律事務所は東京駅のすぐ近く、丸の内の一等地の高層ビル群にあったのですが、弁護士や事務の方たちがスマートな感じでビジネス英語を話している場面などを見て、「うわ！　カッコいい」と思いました。だから社会正義のためになどといったような高尚な動機ではないので、「なんだー」と思われるかもしれませんが、「弁護士になりたい」

「そのために司法試験に合格しなければならない」「法学部に進もう」と決心したのです。

そのための大学ですが、最初は私立大学では最難関といわれる慶應義塾大学や早稲田大学を考えていました。それと併せて司法試験を目指すならば中央大学がよく知られていますから、中央大学法学部も併願校として考えていました。

――どうせなら現役合格で一足早く司法試験を目指したい

隣の宮城県にある東北大学を目指す人が多く、東京大学や京都大学へ入る人も多い山形東高校ですから、私立ならば早稲田大学や慶應義塾大学といった私学の雄の名前が挙がります。

僕も私立大学ならば慶應義塾大学かなと考えて、学年での最下位層の成績ではあるものの、模試のときなどには第一志望を慶應義塾大学にしていました。

武田塾に入ると、志望校合格へ向けてのルート表というかマイルストーンが明確に示されます。個々人の今現在の到達点と目標の位置や高さを考えてのルート表です。

すでに高校3年生の8月も終わろうとしていますから、残りの勉強期間を考えると慶應義塾大学合格の可能性には不確実性が伴います。もちろん浪人まで考えれば充分射程圏内に入ると思っていたのですが、そうすると司法試験を目指す勉強が1年遅れることになります。そのときに考えたのは、残された10代での1年ってすごく大きいのではないかということです。

浪人することも視野に入れて慶應義塾大学を目指すのか、それとも現役合格の可能性の高い中央大学法学部を目指して、確実に来年から司法試験を目指すことにするのかということです。

慶應義塾大学のブランド力は優れているので、慶應義塾大学の方がいいようにも思いますが、こと司法試験に関していえば、慶應義塾大学も早稲田大学も中央大学も変わりはありません。かえって中央大学の方が、法学部は看板学部でもあり司法試験の合格率の高さを誇ってきましたから、司法試験への手厚い指導が受けられます。

それこそ法律用語でもある「比較衡量」で、僕にとっては浪人してまで慶應義塾大学に進むよりも、中央大学で1年早く司法試験に向けての勉強を始めることの方が意味があると思いました。そのことも武田塾のルートに基づく、現状と到達点を見据えた助言によって確信したのです。

――基礎から始めて、一気に合格圏内へと突っ走る

高校3年生の8月に初めて武田塾に飛び込んだころは、大学受験のための膨大な課題の山を前にして、何から手を付ければいいのか分からなかったのです。

ところが武田塾で、まずは無料受験相談で英単語の覚え方から指導されて、その後も1週間ごとの課題が出されました。その前に現在の自分のいる位置と志望校合格までのルートの説明を受けていますから、ルートに基づいて1週間の課題が出されていることも理解できます。文句のつけようもなく、志望校に合格したければやるしかないといった状態です。

その英単語の覚え方が武田塾の勉強法そのものを端的に示しています。高校の授業ならばその日の授業で出てきた単語をその都度辞書で引いて覚えるのですが、武田塾では1語1訳だけでいいので4日間で800語覚えて、そのあとの2日間で復習です。そしてその翌日には確認テストがあって身に付いたかどうかを見ます。そこで8割以上出来ていれば先へ進むし、出来なければ同じことをもう1週間繰り返すことになります。

常に1週間という単位でやるべき課題が宿題として出されて、その勉強の仕方まで教え

られて1週間後には確認テストという繰り返しなのですが、分かりやすく目の前に目標が掲げられているので、学習内容に迷いがなくなります。その結果、10月ごろに受けた全統記述模試では、英語65、国語64、世界史72と、偏差値も10くらいずつ上がりました。

受験勉強の開始が遅れた分、残された期間は半年しかありません。それも先に書いたように浪人することなど考えず、現役で合格して一刻も早く司法試験のための勉強を始めようと決めているのです。やるからには最初から最後までフルに行こうと考えていました。

そのための方法は簡単です。毎週の確認テストで満点を取るくらいのつもりで1週間の宿題をやり切ることです。自分で言うのもなんですが、結構真面目に取り組んでいました。毎週の課題を完璧にこなす、そのことしか考えていませんでした。

実は武田塾に入るまでは、部活の演劇部が忙しかったということもあるのですが、家で勉強したことがありません。朝学校に行って、せいぜい1時間ぐらい自習する程度だったのです。それが武田塾に入ってからは、4時ごろに授業が終わって4時半には武田塾に着いて自習室が閉まる10時ぐらいまで勉強です。それまではなかった毎日4時間以上は勉強するという習慣ができて、それからは武田塾に行けば勉強するというスイッチが入るようになりました。

――実は人見知りな性格で、なおかつ飽き性なのです

武田塾に入る前の無料受験相談のときにもいろいろと相談に乗ってくれたのが山田校舎長なのですが、入塾してからも顔を合わすたびに声をかけてもらっていました。

演劇部にいて将来は弁護士になりたいというと社交的な人物像が思い浮かぶようですが、僕は結構人見知りな性格です。打ち解けてくるといろいろと話もするのですが、見ず知らずの人に自分から率先して話しかけることが出来ません。山田校舎長は、そのような僕の性格を察してか、声もかけてくれるし的確なアドバイスもしてくれるのです。

担当講師の先生は山形大学の医学部の学生さんが多くて、勉強の指導だけでなく進路選択の相談にも乗ってもらっていました。高校の先生たちとは違って、ちょっと年上の頼りになる兄貴って感じです。先の浪人してまで慶應義塾大学がいいのかという件についても、山形大学医学部に入るための浪人期間中の経験などを踏まえてアドバイスしてくれました。

そのような励ましを受けながら、ようやく出来つつあった勉強の習慣ですが、僕にはもう一つ飽き性という性格があります。武田塾に着いてすぐに勉強開始というスイッチが入るようになったものの、同じ科目を1時間なんてやってられないのです。

もちろん集中して英語を2、3時間やり続けたこともあるのですが、30、40分で1問解いたら次の科目へと移り、それこそ1時間半くらいの間に3科目を回るくらい一つの科目に集中していることが出来ません。

でも今さら自分の性格を変える努力をしても大変なだけなので、飽きないためにも次々と違う科目に取り組んで、それが一巡すればまた最初の科目に戻ってやるようにしていました。

――法政大学も立教大学も落ちて本命の中央大学のみ合格

一番最初に書いたように僕が受験勉強を始めたのは、もうすぐ夏休みも終わるという時期です。進学校ですから3年生の1学期ぐらいには高校の全履修内容は終わっています。

だから高校3年生の2学期ともなるとほぼ自習のような感じなので内職するまでもないのです。辛うじて履修内容が残っていた社会科の科目も、日本史の時間は「世界史選択の人は世界史をやっていいですよ」といった感じです。ですから僕が武田塾に入り、本格的に受験勉強に取り組み始めたころには一日中受験勉強に取り組める環境になっていました。

だから短期間でもある程度は出来たのでしょうが、模試では当初の第一志望だった慶應義塾大学はずっとE判定のままで、中央大学についても10月の全統模試でC判定が取れた程度でした。

勉強の手ごたえはあるものの、自分の学力で果たして合格できるのかどうか見当が付きません。ただ校舎長や講師の先生たちの「大丈夫だよ。このまま頑張れば合格出来るよ」という言葉を信じて、目の前の宿題をこなす日々でした。


やがて入試本番です。滑り止めというか併願校として法政大学と立教大学もセンター試験利用で受けたのですが、あえなく不合格です。さすがに「なんでー？」とショックだったのですが、大本命の一角でもあった中央大学法学部法律学科には合格です。

受からないわけないと思っていた法政大学と立教大学は不合格で、ちょっとヤバいかなと思っていた中央大学には合格できたのです。たぶん、なんとか中央大学法学部には入りたいと、過去問などにも真剣に取り組んでいたから合格できたのだと思います。

そして話は飛びますが、この合格体験記を書いている今現在、すでに中央大学法学部の学生なのですが、当初の予定通り司法試験を目指してそのための専門予備校に通っています。

実は司法試験の受験資格を得るには、大学を卒業してから法科大学院に2年ないし3年通って卒業するか、司法予備試験という試験に受かるかという2つの方法があります。

せっかく浪人生活を回避して最短距離で大学に入ったのです。法科大学院という2年間の貴重な時間と学費も回避したいのです。そのために司法予備試験というショートカットルートを選ぶことにしました。

このようなことも、もしかしたら武田塾で教わったルートにのっとった最短距離で目標を達成するという方法と、山形大学医学部から来ていた講師の先生方からの将来の進路についての助言などが影響しているように思います。

——これから中央大学法学部を目指すみなさんへ

僕の場合は、将来弁護士という仕事に就きたい、そのためには司法試験に受からないといけない、司法試験に受かるためにどの大学がいいのかと、自分の将来像から志望校を選びました。

それも自分の学力を勘案しながら、浪人して1年間をロスするより現役で合格して一刻も早く司法試験に挑むための準備をしたいと考えたのです。

そして入学した中央大学法学部法律学科ですが、司法試験を目指すためにはかなりいい環境だと思います。周りもみんな法曹志望なので、これまた最高の雰囲気です。多摩地区にあるキャンパスは緑に包まれています。もしかすると山形にある僕の実家よりも、お爺ちゃんやお婆ちゃんたちが住んでいるような田舎に近いかもしれません。都会の華やかさとは無縁なのですが、それもまた司法試験を目指すためにはいいように思います。

入学試験に臨む前に、中央大学の過去問は9年分をやりました。必ずしも多いとは言えないのですが、中央大学法学部の入試のいいところは、配点をちゃんと教えてくれているところです。だから過去問をしっかりと研究して配点を確認しながら受験対策に取り組むことが出来ます。

その点では中央大学の法学部って、受験生に親切というか「ここで点数を取ってくださいよ」といったメッセージが込められているような優しい大学だと思います。
大学も、そして今は学生となった僕も、みなさんをお待ちしています。

担当教務より

教務担当：山田玲衣

志望校選択へのアドバイス

受験相談時に将来は弁護士になりたいと夢を語ってくれました。MARCH以下の受験は考えておらず、慶應義塾大学法学部と中央大学法学部志望です。11月ごろは浪人も覚悟していたようですが、基礎は固まっているので過去問と苦手分野に取り組めば現役で合格できる、司法試験に早く合格したいのなら中央大学もいいのではないかとアドバイスしました。

生徒の性格、勉強法の問題点

人見知りな性格ですが、自分自身にしっかりと向き合える芯のある生徒です。学校が終わったあとはほとんど毎日自習室で勉強して、毎週の確認テストでは9割以上をコンスタントに取っていました。誤った先入観で焦って解くことも多かったのですが、受験直前期には改善されていました。

受験勉強指導の重点ポイント

参考書を終わらせることが目的になってしまった時期もありましたが、自分のできることを増やして、それを本番で発揮するのが勉強の目的だと講師にも指導してもらいました。できなかったことに意識が向きがちなので、できた部分はきちんと褒め、モチベーションを保てるように指導してもらいました。

途中経過と指導法の改善点

苦手だった古文は入塾から2か月弱で急成長しました。部活引退後の受験勉強なので焦りすぎる時期もありましたが、妥協せずに毎週の宿題をこなしてくれました。本番までのアウトプットの期間が限られていたので、ペースアップをして特訓時に必ず初見の過去問を解いてもらい、苦手な部分を洗いだす指導を行いました。

生徒の変化と指導上の留意点

どのような考えで答を選んだか、それを自分で説明できるかをヒアリングして、次回までにどうすれば克服できるかを意識してもらいました。直前期には自分の言葉で説明できるほどまで理解が深まって、初見の過去問もかなり解けるようになりました。自分のやり方でこなすことがありましたので、なぜその参考書を使用するのか、どのように使用すべきかの理由をしっかりと伝えて取り組んでもらいました。

受験直前期対策と合格のための選択

過去問を本番と同じ時間で解くことと、文章構成に着目して丁寧に読むことから始めて、読むことと文章理解のスピードを速める習慣を付けてもらいました。併せて英作文の強化に励んでもらいました。

これからの大学生活に期待すること

目標に向かって最後までやり遂げる強さがあるので、必ず将来の夢を叶えると思っています。司法試験合格という次の課題に取り組むための大学生活ですから苦労も多いと思います。それでも、良い仲間と共に、素敵な大学生活を楽しんでください。これからも応援しています。

合格体験記
12

駿台予備校からの転塾で数学偏差値55⇓70に

夢はテレビ局勤務で年収1500万円、一戸建てのマイホームとお嫁さん

木村 翔（きむら かける）
現役合格

武田塾横浜校　コース：個別管理特訓ＳＳ→ＳＬ

合格した大学

関西学院大学経済学部（太字が進学先）

略歴

私立鎌倉学園高等学校卒（中学受験で入学　偏差値61／高校の偏差値は67）

私立鎌倉学園高校は、中高一貫の男子校で文武両道がモットーの学校です。中学校の偏差値は61、高校の偏差値は67くらいだと聞いています。

中学から高校2年生まではバスケットボール部に所属していました。高校2年生になったときから1年近くは親の勧めもあって駿台予備校に通っていましたが、ただ授業を聴き流すだけの日々を送っていました。

高校2年生の1月、センター試験の同日模試を受けたころに、大学受験へ向けて本格的な勉強に取り組まなければ間に合わないと思い、駿台予備校以外の幾つかの塾や予備校の面接を受けたあとで武田塾の無料受験相談を受けて、その日のうちに武田塾に入塾することにしました。やはり自学自習を中心に据えた武田塾の勉強法が一番合理的だと思えたのです。

そのころはまだ理系の国公立大学を目指していたのですが、夏休み以降のモチベーションの低下や進路への迷いもあって、二転三転した末に私立大学の文系学部を目指すことになります。

志望大学と受験科目

志望校を選んだ理由

関西学院大学のブランドと日本の大学とは思えないような美しい外観のキャンパスに一

目で魅せられてしまいました。

受験科目について

合格した大学の受験科目：英語、数学（ⅠA、ⅡB、Ⅲ）、物理
その他の受験勉強科目：化学（途中で理系から文系へ転向したため不要になりました）

得意科目と苦手科目

得意科目：数学

国語などと違って明確な答があるのでやっていて楽しいし、解が出ると気持ち良くて、グラフなどを書くのも好きです。分からないときは、答と照らし合わせるまでイライラすることもありますが、答を見て「あー、こういうことなのか」とスッキリするのです。

苦手科目：英語

なぜか読めないところが出てくると眠くなります。それでも単語、熟語、文法をひたすら覚えて読めない文章をなくす努力をしました。単語や熟語を覚えると読める文章が増えてきます。分からない単語が出てきても、前後の文から意味を推測出来るようになりまし

た。

武田塾と受験勉強

武田塾との出会いと入塾したわけ

それまで通っていた駿台予備校では、学校ですでに習った授業を再び聴くことも多く、時間の無駄が多すぎると思っていました。さらにその授業では1人の先生が30人もの生徒を教えています。これでは当然、一人一人の状況に合わせた指導など望めません。

高校2年生の1月にセンター試験同日模試を受けるころになって、受験勉強を本格化しなければと思ったときに、それまで通っていた駿台予備校では志望校合格に対応できないと思って他の塾や予備校の面接を受けました。

その塾、予備校探しの最後に訪ねたのが武田塾横浜校の無料受験相談です。

そのときに対応してくださった西村校舎長のフレンドリーな話しぶりや、僕の話をじっくり聞いて丁寧に答えてくれる姿勢に惹かれました。僕のことを理解して指導してくれる塾はここしかないと思ったのです。だからその日のうちに入塾を決めました。

武田塾での日々と受験勉強

入塾前は、その日の勉強の範囲や時間も適当で、ただダラダラと時間だけが過ぎていくような状態でした。入塾後は宿題の形で毎日やるべき課題が明確ですから、その日にやる範囲や時間を決めて、メリハリを付けて勉強するようになりました。

そのお陰で、入塾後の毎週の確認テストは常に9割程度の正答率でした。やがて宿題の量や難易度も上がっていき、合格点の8割を確保することも大変になるのですが、それでも頑張って合格点の8割以上はキープするようにしました。

その結果、英語の偏差値は50から56へ、得意な数学の偏差値は55から70前後へ、物理の偏差値も50から56へと急上昇です。

僕の場合は勉強のストレスから一人で行き詰まってしまうことが多かったのですが、何も言わなくても西村校舎長は分かってくれて、声を掛けてくれたり、時間を割いて相談に乗ってくれたりしました。だから西村校舎長が塾にいるだけで気が楽になり、勉強に集中できました。担当講師の先生は、悩みを隠さず何でも言えるような、ちょっと先輩といった感じです。落ち込んでいると励ましてくれるし、雑談で気分転換を図ってくれました。

私の日常生活と勉強

主な勉強場所は学校と武田塾の自習室です。朝早く学校へ行ってホームルーム前に勉強したり、昼休みもちょこちょこ勉強していました。学校帰りには武田塾へ寄って夜まで勉強です。

電車での移動中は『システム英単語（駿台文庫）』のアプリや『速読英熟語（Z会）』などの暗記系をやっていました。

高校3年生の夏休み期間中は、午前4時に起きて8時まで勉強。8時から朝食や準備を終えて9時半には武田塾に着き、塾が開く10時まで階段で勉強。午前10時から午後10時まで塾の自習室で勉強です。

受験直前期になると朝7時前に学校に行って8時半まで勉強。午後3時過ぎに授業が終わると武田塾へ移動して、午後4時から10時までは塾で勉強しました。

家は寝る場所と考えていたのでゆっくり風呂に入り、早めに寝るようにしました。

私のお薦め参考書、ベスト3

①理系数学入試の核心　標準編（Z会）

基礎から難しい応用まで入っているので、ちゃんと基礎も補えるし、分かりやすく丁寧な解説で実践力を付けることが出来ました。

②速読英熟語（Z会）

長文の中に覚えた熟語を見つけると楽しくなります。例えば not A but B を文の中ですぐに見つけられるようになったり、設問の中に同じような熟語が出てくると「ああこれ、速読英熟語でやったわ」という感じで嬉しくなります。

③システム英単語（駿台文庫）

『速読英熟語』と同じように、長文の中に覚えた単語が出てくると楽しくなります。この単語帳を一周終えたあとで、改めて1から2100までを一気にやってみたり、何分でやれるかだとか正答率を計算して新記録を出すのが楽しみでした。

合格体験記——木村 翔

——高校2年生の初めから駿台予備校に通っていた

鎌倉学園は中高一貫の男子校です。男子校だからでしょうか、球技大会などになるとバカなんじゃないかというくらい大騒ぎしていました。本当に楽しい学校です。

文武両道を掲げているので部活動も盛んです。今は野球部や陸上部が強くて、いろいろな大会で活躍しています。そのような学校で、中学に入学したときから高校2年生になるまでバスケットボール部に所属していました。

その後、部活を辞めてからほぼ1年、駿台予備校に通っていました。自分から行きたかったわけではなく、親から勧められてやむなく通っていたようなものです。だから真面目に通っているものの、ボーっと授業を聴いているだけで毎日が過ぎていきました。

駿台予備校の授業を聴いて分かったつもりになっていても、いざ試験となるとまったく出来ません。

でも、そのころは何の危機感もなく、授業を聴いていかにも勉強したつもりになっていました。

高校2年生のころは、大学の受験勉強が切羽つまったものになっていなくて、とりあえず学校の勉強を優先して、定期試験で少しでもいい成績を取るための努力をしていました。当時の成績は一学年360人中の30位くらいですから、辛うじて上位10％くらいの中に入っていました。

やがて高校2年生の半ばを過ぎると、みんな受験勉強を始めます。高校3年生になるときに理系のクラスも国公立クラスと私立クラスに分かれるのです。当然誰もが国公立クラスに入りたいのですが、成績の悪い順に私立クラスに割り振られます。

周りのみんなが一斉に勉強を始めたので、「あー、やらなきゃな」とは思うものの、無理しなくても国公立クラスに滑り込めそうだったので、あまり勉強はしていません。

それでも年が明けて1月になってセンター試験の同日模試を受ける時期になると急に、クラス分けの心配だけでなく、もうすぐ大学受験だという切迫感が募ってきます。

「高校2年生の冬は高校3年生のゼロ学期」というそうですが、大学受験まであと1年という危機感が生まれてきて、このままじゃマズイという気持ちになってきました。

自分は、駿台予備校の授業では、目標の大学に入れないと思い始めたのです。

――武田塾に通っていた姉は志望校に合格した

こんなこと言うと姉に叱られそうですが、武田塾新横浜校に通っていた姉は、それほど勉強していたように思えないのに志望校に合格しました。一方で僕の場合、このまま駿台予備校に通っていても志望校に合格できないと思ったのです。

学校の授業で聴いたこととほぼ同じ内容を、駿台予備校の授業で聴くことに意味はないのではないか。授業は一人一人の理解度など無視して、一方的に決められた時間、拘束されるだけに思えました。すでに分かっていることを聴く必要もなければ、理解しづらいところは時間をかけて、納得できるところまで学習すべきだと思ったのです。

これは武田塾に入ってから一層実感したことですが、例えば駿台予備校ならば1人の先生によって30人ぐらいの生徒に授業が行われます。学習課題の理解度も到達点も違う30人の生徒に対して、1人の先生が対応するのです。

でも武田塾の授業というか武田塾でいうところの特訓は、常に生徒1人に対して講師1

人で行われます。それも一人一人に対して、志望校合格までのルートから逆算した1週間ごとの課題が宿題として出されます。

そしてその課題が実践に役立つ記憶として定着したかどうかを「確認テスト」の形でチェックして、問題点を指摘されたり不十分な点についての特訓（指導）を受けたりします。

この確認テストで8割以上の点数が取れれば先へと進み、もし8割以下ならば同じ部分を再度宿題としてやることになるのです。

姉から武田塾の話を聞いて、このまま駿台予備校の授業を受けていても勉強は進まないと思いました。だからといって姉の話を鵜呑みにすることにも抵抗があって、四谷学院など他の塾や予備校の面接も受けました。最終的には、やはり武田塾しかないと思ったのですが、姉は自宅近くの新横浜校、僕は通学途中の乗換駅の横浜校です。

この塾選びで最重要視したのが、先生との距離と生徒への接し方です。さまざまな塾や予備校の面接を受けたあとで武田塾の無料受験相談を受けて、武田塾が一番親身になって指導してくれると感じたのです。だからその場で入塾を決めました。

――塾を変えたら、格段に違った勉強の質と量

武田塾に入塾してからは、劇的と言えるほどそれまでの勉強法から大きく変わりました。入塾前はその日に何をやるかについても曖昧で、思いつくままに時間も気にせずダラダラと取り組んでいました。

ところが武田塾に入塾してからは1週間の宿題が、この参考書のここからここまでとハッキリしていますから、今日はここまでを何時間でやってという風に、課題とかけられる時間が明確です。

その勉強法も、4日進んで2日は復習に充てるといったように、知識として定着させる方法まで指導されます。

それ以外にも、以前なら数学で間違えた問題があったとしても、答を見て間違えたことを確認するだけで、改めて問題を見直したり解き直したりしてみることもなかったのですが、武田塾に入ってからは、間違えた問題は何回も何回もやり直して、解けるようになるまでやるようになりました。

武田塾に入って一番助かるのは、志望校合格に向けていま何をやるべきかを具体的に提

示してもらえることです。それも1週間ごとにやるべきことを細分化して宿題の形で出してもらい、1週間後の「確認テスト」で80点以上を取って先へ先へと進めばいいのです。

基礎ならば基礎が終わったときに、あるいは日東駒専クラス合格のための勉強が終わったときなどに「段階突破テスト」が設定されています。この段階突破テストまでに、知識を身に付けながら応用力も付けて、一つひとつの段階を着実に上がっていくのです。

このように志望校合格までのマイルストーンが明確なので、自分の到達点と合格までの距離が分かります。

その1週間の勉強の成果を見るための「確認テスト」ですが、入塾当初は9割以上を取り続けていました。しかし徐々に宿題の難易度も上がってきます。例えば『システム英単語』についても一周終えると一気に全範囲を対象にしたテストになります。

そうなると8割の合格点を取り続けることも大変になり、たまに苦手な分野などに遭遇すると正答率8割に到達できず、もう1週間やり続けることにもなります。武田塾の勉強法は自学自習なので、すべてが自分の責任においてやらざるを得ないので確かに大変は大変なのですが、1歩1歩前進しているという実感はありました。

――もうこれ以上はあり得ないほど頑張った夏休み

自宅では勉強出来なかったので、主な勉強場所は学校と武田塾の自習室でした。自宅は息抜きと寝る場所と割り切るようにしていました。

学校には出来るだけ早く行って、朝のホームルームが始まる前に勉強したり、休み時間にちょこちょこ勉強したり、昼休みも弁当を急いで食べて勉強です。周りも同じような感じで、みんなで張り合っていました。もちろん授業中にも少し内職です。

そして通学の電車の中では暗記系の勉強です。苦手科目でもある英語の『システム英単語』や『速読英熟語』の暗記に励んでいました。

主に使っていたのが『システム英単語』のスマホアプリでした。この『システム英単語』のアプリは、パッパッパッパッと問題を出してくれます。しかもランダムに出してくれるのです。正解、不正解は自分で分かりますから、あとから不正解の問題だけを、それもまたランダムで出してくれるので、どんどんつぶしていけばいいのです。

そのあとは武田塾の自習室で勉強です。高校の授業が終わるのは3時過ぎですから4時には塾に入って自習室の閉まる10時まで自習室に座り続けていました。

やがて夏休みを迎えて受験勉強もヒートアップしていきます。親を交えた三者面談のときに西村校舎長から「志望校合格のためには夏休み期間中に1日14時間は勉強しないとダメだよ」と言われたのがきっかけです。そのあと親からも「1日14時間勉強したらご褒美をあげる」と言われ、すっかりやる気になってしまったのです。

朝は4時前に起きて勉強開始です。8時に家での勉強を終え、食事と出かける準備を整えて9時半までには武田塾に到着します。自習室が開くのは10時ですから、それまでは塾のあるビルの階段で勉強です。自習室で勉強している間は、食事も速攻でコンビニで買って、食べながら勉強です。

自分でも夏休み中は武田塾横浜校で「一番多く勉強してやる」と燃えていたのですが、それだけの量と質をこなせたと思っています。

結果的には武田塾に入って、英語の偏差値は50から56前後ぐらいまで上がり、物理の偏差値も50から56へと上がりました。得意な数学に至っては偏差値55から70くらいまで急上昇です。この成果のほとんどが夏休み中に頑張ったからだと思います。

――圧倒的な勉強量があってこその、量より質だった

武田塾に入ってからは、本当に参考書を使い果たしたといえるまで勉強するようになりました。例えば『理系数学入試の核心　標準編』の場合などは一周だけでなく5周くらいしています。

それぞれの参考書を「完璧にやった」といえる状態になるまで学び続けました。その結果、夏休み明けまでは順調に成績も伸び続けていたのです。今から思えば、圧倒的な勉強量が成果につながっていたのだと思います。ところがそのあと長期的なスランプと呼んだらいいのか、急速にモチベーションが下がり始めます。

夏休み期間中は高校の友だち10人くらいと張り合っていました。誰が一番勉強するかで勝負したのです。勉強の記録を取る「スタディプラス」というアプリがあります。それを使って勝負です。他にも夏休み中は、毎日14時間勉強すれば親からご褒美がもらえます。競い合う相手がいて、さらに馬の前にニンジンをぶら下げたような状態ですから猛烈に頑張ったのでしょう。夏休み明けになって、その反動が出てきたのかもしれません。

夏休み明けからは「スタディプラス」で記録を取ることもやめてしまいました。夏休み

中に張り合った高校の友だちも、それぞれ塾や予備校に通っていますから張り合う相手もいなくなります。

徐々に勉強に集中できなくなり、そのような自分に対してストレスが溜まっていきます。それまで毎日14時間も頑張っていたのに、高校の授業もあるのでリズムが狂い始めます。やがて勉強は量より質だと自分に言い訳して、勉強時間も少なくなっていきました。そうなると成績が低迷したままになります。志望校は今のままでいいのか、本当に合格できるのか、どうすれば現状を変えることが出来るのか……。迷えば迷うほど勉強が手に付かなくなります。

これも今になって思うことですが、スランプを脱却する方法は圧倒的な勉強量しかありません。このころは、勉強は量より質だと思っていたのですが、それは圧倒的な勉強量があってこその話です。

——現役合格に対するプレッシャーと数学での経済学部受験

最初は理系の国公立大学を目指していたので、英語と数学と物理と化学、数学はⅠＡと

ⅡBとⅢまでやっていました。

志望校については、出来るだけ名門と言われる有名校を目指したいのですが、このまま受験科目の多い国公立の大学を目指していいものかどうか、受験科目を絞り込んで私立の名門大学を目指した方がいいんじゃないかなど、成績が伸び悩んでいることもあって悩みが深くなっていきます。

実は僕の将来の夢というか将来像は、出来ればテレビ局に勤務して、30代になるころには年収で1500万円ぐらい稼げるようになり、結婚して一戸建てのマイホームを建てたいのです。そのための条件はストレートで名門大学に進学して、優秀な成績で卒業することです。その一方で親は、国公立の理系の方が僕にも向いているし、卒業後の生活も安定すると考えていたようです。

親の思いも理解できるので、口にも出せず悩んでいると、僕からは何も言わないのに西村校舎長が話しかけてくれます。僕が不安な気持ちになっているときや勉強が手に付いていないときなどは、面談のために時間を割いてくれます。頑張っているときもさりげなく、「頑張っているね」「それでいいんだよ」と声を掛けてくれます。

夜の10時の自習室が閉まる時間には「今日も頑張ったね」だとか、たわいない雑談で勉強の疲れを忘れさせてくれます。そしていつものことですが、なぜか西村校舎長が塾にいるだけでやる気が出てくるし、用事があって西村校舎長がいないときには集中力が落ちてしまうのです。

担当の講師も話しやすい存在です。何でも言えるフレンドリーな関係です。落ち込んでいるときは励ましてくれるし、「おまえは誰よりも頑張っているんだから、もっと自信を持てよ」と労わってくれたり、サッカーの話など雑談で盛り上がったりすることもあります。

武田塾に入ったときは、ただ学習計画を立てるためと、その後の進行状況を確認するための特訓に通っていたようなものです。そのときに、分からないことがあれば質問するという程度の関係だったのですが、徐々に1週間の宿題を終わらせるために溜まっていたストレスを解消したり、モチベーションを引き上げたり、気分転換を図ってくれたり、将来の進路を一緒になって思い悩んでくれたりする存在になりました。

それでも入試がどんどん近づいてくるというのに、成績が伸び悩んでいました。何度も西村校舎長に相談して、下した結論は文転です。理系から文系へと志望学部を大きく変えたのです。

理由は幾つかありますが、受験科目を3科目に絞り、それまで取り組んでいた化学を捨てて残りの3科目に集中するということです。さらに文系の学部を数学や物理と英語で受けることによって、得点を取りやすくしたのです。

もちろん数学と物理と英語で受けられる文系の大学は限られます。その点についても西村校舎長と何度も面談して、志望校の洗い出しを行いました。その結果残ったのが、関西学院大学と明治大学だったのです。

――長いスランプのあとにつかんだ関西学院大学現役合格

夏休みが終わったあとに長いスランプに陥り、そのまま入学試験を迎えたと言えます。それでも何とか頑張り抜いて、関西学院大学経済学部に現役合格出来ました。長い長いスランプを経験したからでしょうか、浪人だけはしたくないと切実な思いで受験したのです。

実は今まで受験して一発で合格したという経験がないのです。中学から入った鎌倉学園も辛うじて繰り上げ合格で入ったので、合格発表を見て喜んだという経験がありません。試験日が近づくにつれ落ち込んでいったのも、他の人のような成功体験がなかったからかもしれません。

関西学院大学の合格発表のとき、僕は結果を見るのが怖くて西村校舎長に見てもらいました。僕の両親もまた僕以上に「たぶんダメだな」と思っていました。夏以降の僕のスランプを見れば、誰だってそう思ったことでしょう。

パソコンで関西学院大学の合格発表のページを検索していた西村校舎長が、「あー、これだこれだ」「えーっと、ところでおまえ、あとはどこを受けたんだっけ?」と急に言い出しました。「早稲田と明治ですけど」と答えたら「そーか」と気のない返事が返ってきました。だからこれは、「落ちたー!」と思ったのです。でなければ他に受験した大学なんて聞くわけないですからね。ところがパソコンの画面を見せられたら合格です。「マジーっ!」と叫んでしまいました。西村校舎長、ニンマリです。

関西学院大学経済学部に入った今は、統計数学をやっているところです。もともと数学は得意だし、理系を目指していたので数Ⅲまで勉強していました。

経済学部の同級生は慣れない数学に四苦八苦していますが、僕はすでに知識として身に付いていることの復習程度の感覚です。

当初の目的とは違っても、一度勉強したことは、どこかで役に立つものだと思います。

それとはちょっと異なりますが、夏休み以降の長いスランプを抜けて関西学院大学に入学できたのも、夏休み中の異常ともいえるほどの勉強があったからです。

勉強には質も大切なのですが、その質を高めてくれるのは圧倒的な勉強量しかありません。そして僕が苦しみ続けたスランプですが、スランプを乗り越える方法もまた、圧倒的な勉強量だと思います。


僕の場合は辛うじて関西学院大学に滑り込んだのかもしれませんが、それでもあの夏休みの1日14時間以上の勉強があってこその話です。そしてその後も西村校舎長はじめ講師の先生たちの叱咤激励によって、成績を維持し続けたからこその栄冠だと思います。

ぜひみなさんもまた、苦しいとは思いますが目の前の難局を、より一層の努力で乗り越えてください。

担当教務より

教務担当：西村裕樹

志望校選択へのアドバイス

最初は国公立大学志望でしたが、途中から早慶に変更してみたり、やっぱり国公立に行きたいと言い出したりと進路に関して悩みがある生徒でした。それだけ真剣に進路について考えていたので、面談量を増やして、進路について一緒に考えました。特に大学卒業後、どういう生き方や働き方をしたいのかを重視して話し合い、進路についての本質を考えてもらうように努力しました。

生徒の性格、勉強法の問題点

何事にも真剣に取り組むタイプです。だからこそ成績が上がるときは、ぐーんと上がっていました。その反面、悩むときも真剣なので、悩み始めるとモチベーションががくっと下がり、成績も下がります。できるかできないか、間に合うか間に合わないかといったことに意識が向いてしまうので、モチベーション管理が非常に重要な生徒でした。

受験勉強指導の重点ポイント

もともと理系志望だったのですが、文系の学部を目指すことになります。そのギャップを取り除くことが先決でした。夏休みにしっかりと基礎が定着するようにしてもらい、秋から一気に演習を積めるように、年間のプランニングをしていました。

途中経過と指導法の改善点

夏にかなり勉強量を確保できました。浪人生にも負けないくらい勉強していたと思います。基礎力をかなり付けることができました。ただ秋口にさしかかってモチベーションが下がり始め、勉強ができない状態も出てきました。「やるべきときに、やるべきことをやる」ことの重要性を伝え、不安感からではなく、志望校合格からの逆算で物事を考えるように指導しました。

生徒の変化と指導上の留意点

モチベーションが上がったり、下がったり、また上がったりを繰り返していました。しっかり本人にも自覚してもらい、やるべきことを精査して自学自習することの重要性を伝え続けました。また「モチベーションに左右されずに勉強できるようになりましょう」と伝え、勉強とは常に自分の思考と行動の選択の連続であることを伝えました。

これからの大学生活に期待すること

大学生になって自分の真価、本領が試されるときが来ています。自分の目指すものを見据え、その逆算で今やるべきことに集中してください。感情に左右されるのではなく、やるべきことに集中して行動を選択できるように、そして自分の真の目的から逆算して成就できるように、日々研鑽（けんさん）するつもりで大学4年間を過ごしてほしいと願っています。

〈著者プロフィール〉
林 尚弘（はやし・なおひろ）
武田塾塾長。株式会社A.ver代表取締役社長。
1984年生まれ、千葉県出身。地元の進学校に進み、高校1年生から浪人時代を含め計4年間予備校に通うも、受験に失敗。大量の授業を受けても成績が伸びなかった自身の経験をもとに、「日本初！授業をしない。武田塾」を設立。独自の学習理論で東大、早稲田、慶應、国公立大医学部などへの逆転合格者を続出させて話題となり、2020年3月現在、全国に約300校を展開。主な著書に『予備校に行っている人は読まないでください』（ミヤオビパブリッシング）、『参考書が最強！』『E判定からの逆転合格にはわけがある！』（ともに幻冬舎）などがある。
武田塾HP https://www.takeda.tv/
武田塾医進館HP https://takeda-medical.jp

受験合格は参考書が9割。
武田塾合格体験記　MARCH・関関同立編

2020年3月20日　第1刷発行

著　者　林 尚弘
発行人　見城 徹
編集人　福島広司
編集者　木田明理　片野貴司

発行所　株式会社 幻冬舎
〒151-0051　東京都渋谷区千駄ヶ谷4-9-7
電話　03(5411)6211(編集)
03(5411)6222(営業)
振替　00120-8-767643
印刷・製本所　株式会社 光邦

検印廃止

万一、落丁乱丁のある場合は送料小社負担でお取替致します。小社宛にお送り下さい。本書の一部あるいは全部を無断で複写複製することは、法律で認められた場合を除き、著作権の侵害となります。定価はカバーに表示してあります。

© NAOHIRO HAYASHI, GENTOSHA 2020
Printed in Japan
ISBN978-4-344-03586-7　C0095
幻冬舎ホームページアドレス　https://www.gentosha.co.jp/

この本に関するご意見・ご感想をメールでお寄せいただく場合は、
comment@gentosha.co.jpまで。